Jeannine Christian

24 tolle Ideen mit dem xTool M1

mitp

Bibliografische Information der Deutschen Nationalbibliothek

Die Deutsche Nationalbibliothek verzeichnet diese Publikation in der Deutschen Nationalbibliografie; detaillierte bibliografische Daten sind im Internet über http://dnb.dnb.de abrufbar.

Bei der Herstellung des Werkes haben wir uns zukunftsbewusst für umweltverträgliche und wiederverwertbare Materialien entschieden.

Der Inhalt ist auf elementar chlorfreiem Papier gedruckt.

ISBN 978-3-7475-0793-3

1. Auflage 2024

www.mitp.de

E-Mail: mitp-verlag@sigloch.de

Telefon: +49 7953 / 7189 - 079

Telefax: +49 7953 / 7189 - 082

Fotos: Alida und Jeannine Christian
Lektorat: Nicole Winkel
Covergestaltung: Sandrina Dralle / Christian Kalkert
Satz: mitp-Verlag Frechen
Druck: ADverts in Riga, Lettland

Klimaneutral
Druckprodukt
ClimatePartner.com/18246-2311-1005

INHALT

VORWORT

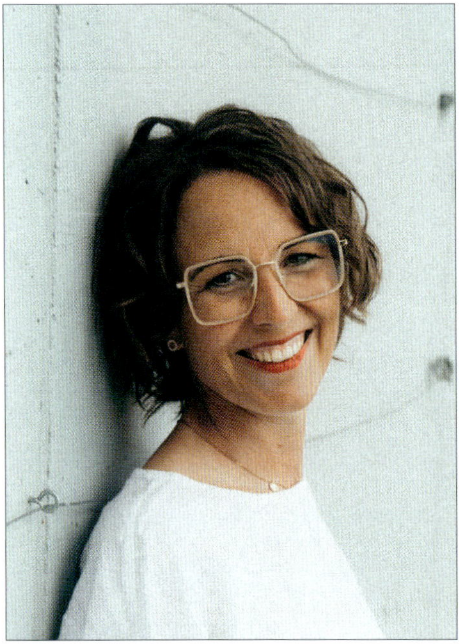

indivijual.jeannine/

indivijual.jeannine

etsy.com/de/shop/indivijual

Hallo,

mein Name ist Jeannine Christian. Ich bin Autorin, Bloggerin und seit über 10 Jahren kreativ unterwegs.

Ich habe bereits ein Buch mit dem Titel »Plotten mit dem Brother ScanNCut« geschrieben und möchte dir mit meinen Büchern helfen, Geräte zu verstehen, zu bedienen und kreative Ideen selbstständig umzusetzen.

Mit meinen beiden erwachsenen Töchtern, meinem Mann und unserem kleinen Hund Buddy lebe ich in einem kleinen Ort nahe der niedeländischen Grenze, in Wachtendonk. Dort betreibe ich seit über einem Jahr ein kleines Selbstbedienungslädchen direkt vor unserer Haustür. Darin findet ihr viele Mitbringsel zu verschiedenen Anlässen, egal ob gelasert, geplottet oder aus Raysin gegossen.

Als leidenschaftliche Kaffeetrinkerin bin ich immer kreativ unterwegs und ständig auf der Suche nach neuen Herausforderungen im Bereich Deko und Basteln.

In diesem Buch zeige ich euch viele Ideen rund um den XTool M1.

Viel Spaß und Freude damit!

Jeannine

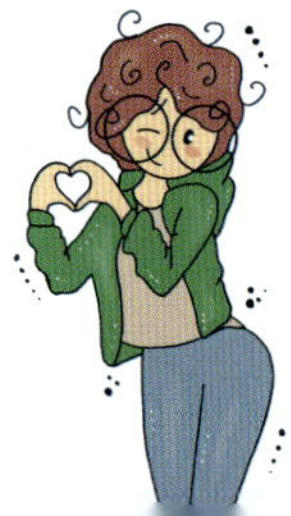

Die Püppchen

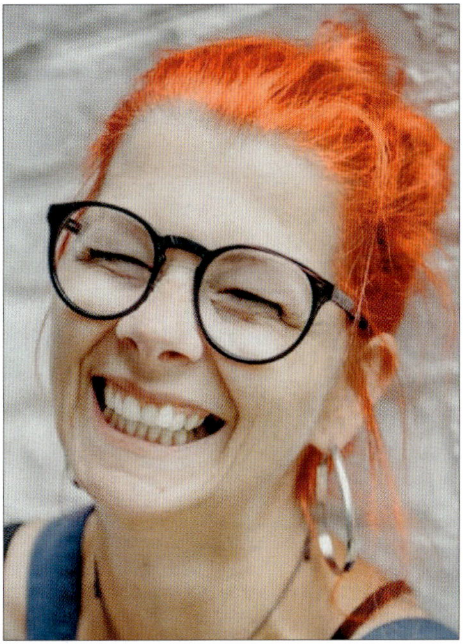

Katrin Raßmanns ist die Zeichnerin der »schönen Püppchen«, die ihr überall in diesem Buch findet.

Sie ist 44 Jahre jung, Kind des Niederrheins, Mama von zwei erwachsenen Töchtern und wohnt ebenfalls in Wachtendonk.

Katrin arbeitet beruflich mit Kindern und zeichnet schon seit ihrer Kindheit leidenschaftlich gerne. Sie liebt das Meer und fischt deshalb auch gern in anderen Gewässern. Katrin ist ein kreativer, fröhlicher und nachhaltiger Rotschopf.

Gemeinsam haben wir die Facebook-Gruppe »Plotterjeck und Laserverliebt« ins Leben gerufen. Hier findet ihr viele neue Laser & Plottervorlagen in unserem Stil.

Wir freuen uns auf euch!

groups/69250318508540840

upgesaegt

upgesaegt

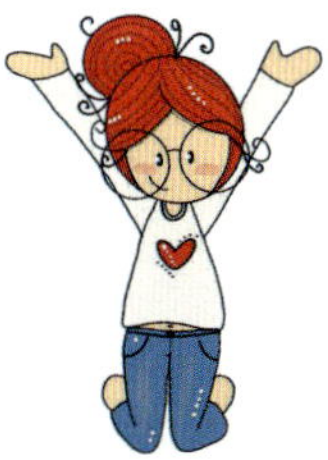

ÜPgesÄgt
facebook.com/upgesaegt

Produktbilder

Jeannines Tochter, Alida Christian, ist 20 Jahre jung, arbeitet als Mediengestalterin und ist für die tollen Bilder in Mamas Büchern zuständig.

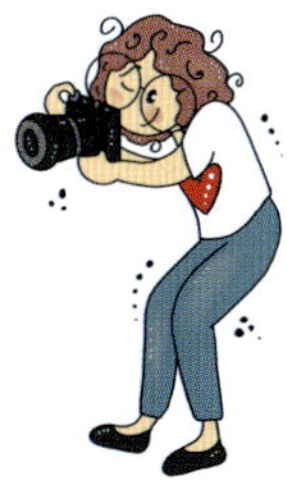

EINLEITUNG

Lasern bietet dir eine endlose Zahl an Möglichkeiten, mit vielen verschiedenen Materialien etwas Schönes zu Gravieren, Dekorationsartikel aus Holz zu schneiden oder Gegenstände mithilfe der eingebauten Plotterfunktion zu bekleben. Deine Ideen sind hier das wichtigste Werkzeug – zusammen mit deinem Laser von xTool, dem M1.

Es ist egal, ob du Anfänger bist oder schon ein wenig Erfahrung mitbringst. Mit diesem Buch erhält du die Basis, um mit deinem ***xTool M1 Laser*** tolle Projekte zu erstellen und deiner Kreativität freien Lauf zu lassen.

Nach einer Geräteeinführung lernst du Schritt für Schritt, unterschiedliche Materialien einzusetzen und vielfältige Projekte zu erstellen.

Wenn du Gefallen am Lasern gefunden hast, wirst du sehr schnell merken, dass deiner Kreativität und der Vielfältigkeit an Projekten keine Grenzen gesetzt sind.

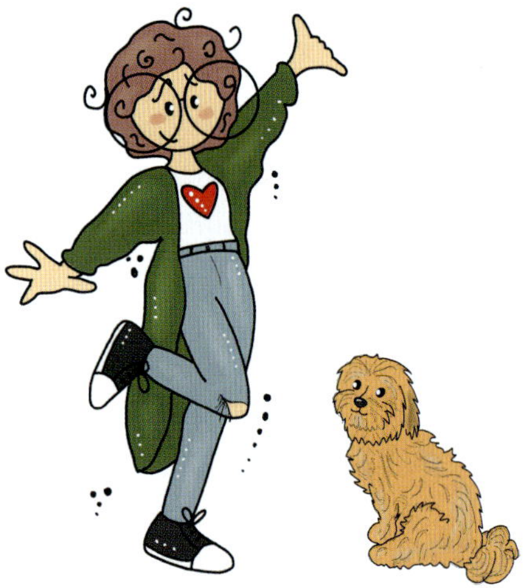

Alle Projekte aus diesem Buch kannst du dir als *.svg-Dateien unter folgendem Link herunterladen:

www.mitp.de/0793

Viel Freude bei der Umsetzung der Projekte!

Grundlagen xTool Laser M1

Gerätevorstellung

Als weltweit erster Desktop-Hybrid-Laser und Schneideplotter vereint der xTool M1 Lasergravur, Laserschnitt und die Plotterfunktion in einem Gerät.

Ausgestattet mit einer hochauflösenden 16-Megapixel-Kamera kann der xTool M1 den gesamten Arbeitsbereich visualisieren. Die Kamera wird deine Arbeit sehr erleichtern, da sie für eine präzise Vorschau im xTool-Programm sorgt.

Dein Laser kann eine Vielzahl von Materialien schneiden oder gravieren, darunter Holz, Metall, Leder, Papier, Stoff, Pappe, Filz, Keramik und Acryl (Kunststoff).

Mit dem Klingenkopf kannst du Vinyl und Papier vom Laser schneiden lassen.

Dein xTool M1 Laser verarbeitet, schneidet oder graviert über 500 unterschiedliche Materialien, und wenn du das Gerät mit 10 Watt gewählt hast, schafft das Gerät eine Dicke von 8 mm zur Bearbeitung und zum Schneiden.

Die großen Arbeitsbereiche von 38,5 cm x 30 cm für den Laserbereich und von 36,6 cm x 30 cm für das Schneidemesser bieten dir ausreichend Platz für eine Vielzahl von Anwendungen.

Die kostenlose und leicht bedienbare Software xTool Creative Space ist für Windows und Mac verfügbar, ebenso wie für mobile Geräte. Du kannst sie kostenfrei unter ***www.xtool.com*** downloaden. Hier hast du viele Bearbeitungsmöglichkeiten, die ich dir gerne in den verschiedenen Projekten kurz zeige.

Ein wenig Platz benötigst du für dieses Gerät auf jeden Fall, damit du bequem damit arbeiten kannst. Der Laser selbst hat die Maße 55,7 cm x 45,3 cm x 23 cm.

Sollte sich kein Fenster in unmittelbarer Nähe zum Laser befinden, benötigst du zusätzlich den Abluftfilter, der die Maße 42 cm x 25 cm x 41 cm hat. Laser und Filter werden durch den Abluftschlauch miteinander verbunden, müssen also nahe beieinander aufgestellt werden.

Der Deckel deines Lasers hat eine spezielle Funktion. Zu deinem Schutz filtert er das blaue Licht des Lasers, und das Gerät stoppt automatisch, wenn du den Deckel öffnest. Damit kannst du sorgenfrei arbeiten und benötigst keine Schutzbrille.

Möchtest du einen leistungsstärkeren Laser verwenden, dann kannst du mit dem 10-Watt-Modell bis zu 8 mm dicke Materialien verarbeiten. Beim 5-Watt-Modell sind es immerhin noch 4 mm Materialstärke. Beide Modelle haben in der Basisvariante die gleiche Ausstattung.

Zubehör

Air Assist Set

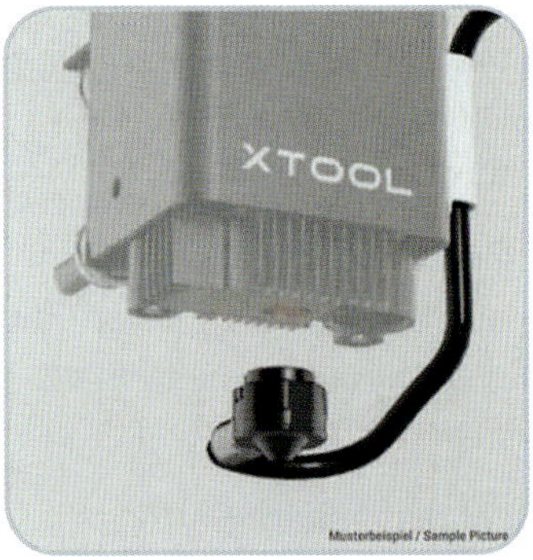

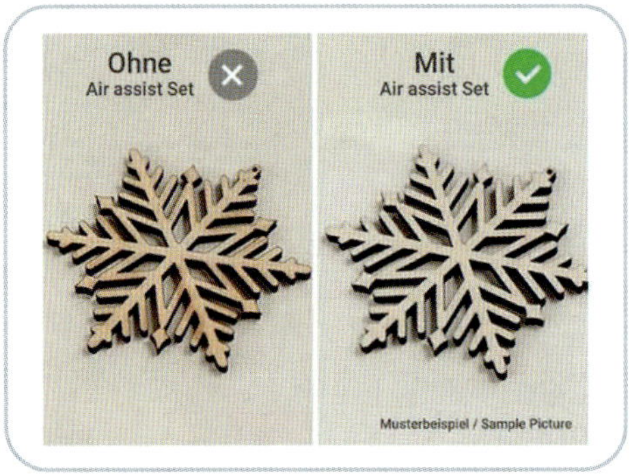

Das Air Assist Set ist eine wertvolle Zusatzinvestition, die dir noch bessere Laser-Ergebnisse liefern wird, da während des Lasereinsatzes direkt an der richtigen Stelle für Abkühlung gesorgt wird. Es wird verwendet, um eine saubere Schnittkante zu erhalten und vermindert die Schmauchspur.

Abluftfilter

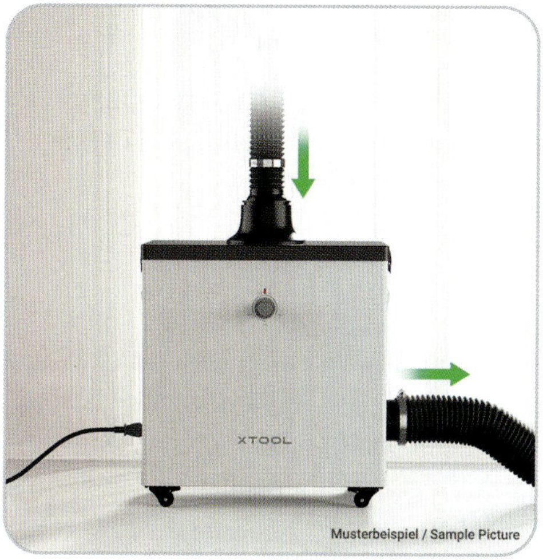

Musterbeispiel / Sample Picture

Optional empfohlen ist der Abluftfilter von xTool. Damit du den Laser bequem und unbedenklich im Innenraum nutzen kannst, empfiehlt sich dieser Filter. Er wird mit dem mitgelieferten Flex-Schlauch an die Absaugung des Lasers angeschlossen und so werden rund 99% der entstandenen Partikel entfernt.

Du kannst den Laser auch ohne diesen Abluftfilter benutzen und während des Laserns den Abluftschlauch aus dem geöffneten Fenster halten, was aber auf Dauer natürlich sehr unpraktisch ist.

Dank der mitgelieferten Transportrollen kannst du den Filter einfach verschieben und bei Bedarf verstauen.

Erhöhung mit Wabenplatte

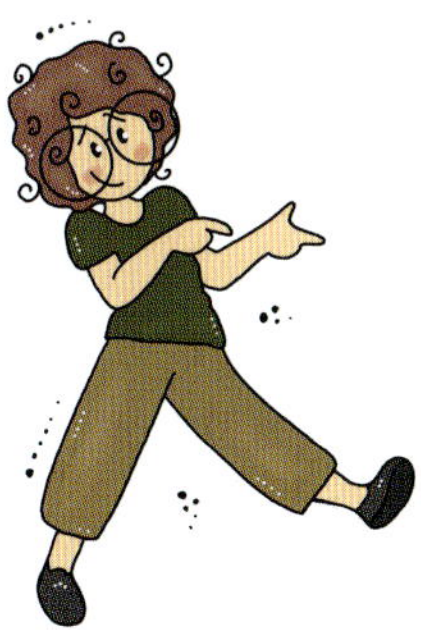

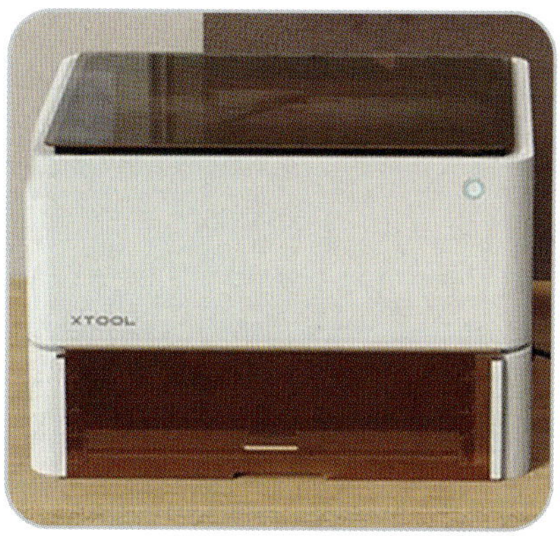

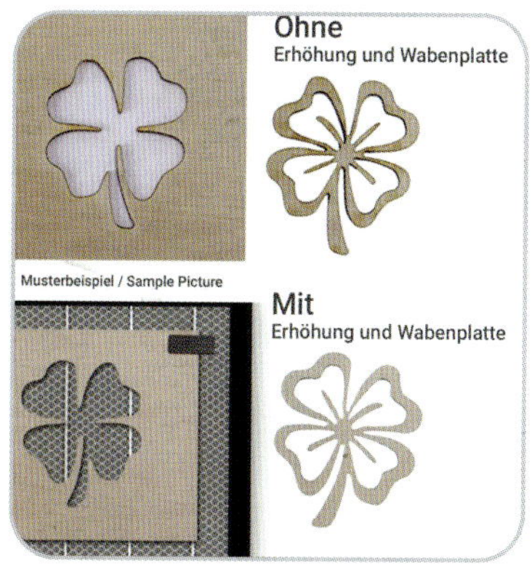

Musterbeispiel / Sample Picture

Die Erhöhung ist eine Erweiterung des Innenraums und bietet dir viele praktische Vorteile. In diesem erweiterten Bereich kannst du mit dem Laser oder Messer schneiden und Lasergravuren erstellen.

Die Wabenplatte kannst du bei Bedarf auf die unterschiedlichen Schienen schieben, ähnlich wie bei einem Backblech. Mithilfe der Platte kannst du Muster mit einer Höhe von bis zu 120 mm gravieren – diese wären für den Standard-Arbeitsraum sonst zu groß. Die großen Wabenlöcher sorgen für eine schnellere Ableitung der Hitze. Dadurch werden Brand- bzw. Schmauchspuren auf deinem Material verringert und das Ergebnis deiner Arbeit wird noch schöner.

Im Lieferumfang sind zusätzlich Magnetmaterialstifte enthalten, mit denen du dein Material fixieren oder glätten kannst.

Rotationserweiterung Rotary Ra 2Pro

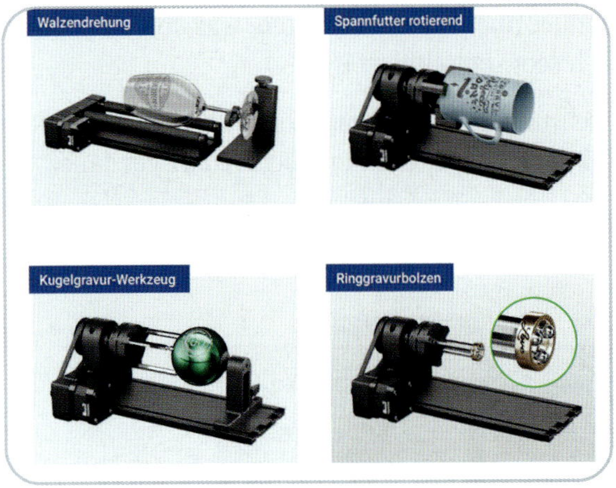

Mit dieser Rotationserweiterung lassen sich deine Werkstücke während des Gravierens von Gläsern, Ringen oder Kugeln automatisch drehen. Sie eignet sich damit für alle zylindrischen und abgerundeten Oberflächen.

Die Rotary bietet vier unterschiedliche Einspannmöglichkeiten, die sich kinderleicht in kurzer Zeit umbauen lassen.

JEANNINES TIPP!

Für die Verwendung der Rotary Ra2 Pro muss der xTool Laser M1 erhöht werden. Hierfür benötigst du die Erhöhung mit der Wabenplatte.

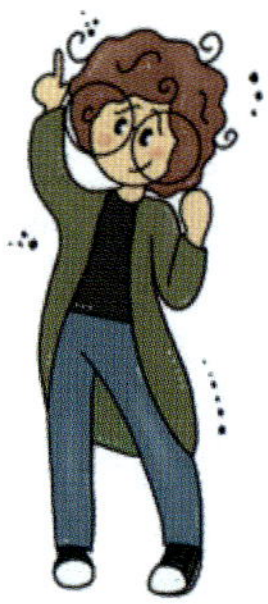

Installation und Betrieb

Software installieren und xTool M1 mit WLAN verbinden

Im Internet findest du auf der Seite von xTool unter ***www.xtool.com*** die Software als kostenlosen Download für Mac oder Windows. Installiere die Software auf deinem PC und starte das Programm.

Um Kabelsalat zu vermeiden, empfehle ich dir, deinen Laser via WLAN mit deinem PC zu verbinden. Vor dem ersten Einsatz musst du PC und Laser allerdings via USB-Kabel verbinden.

1. Schalte deinen Laser ein, öffne dann das Creative Space und klicke oben rechts auf Gerät verbinden.

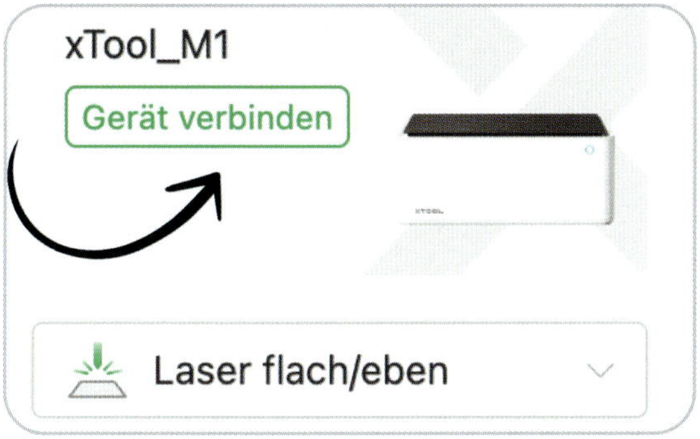

2. Wähle im Reiter USB und nun deinen xTool M1 aus.

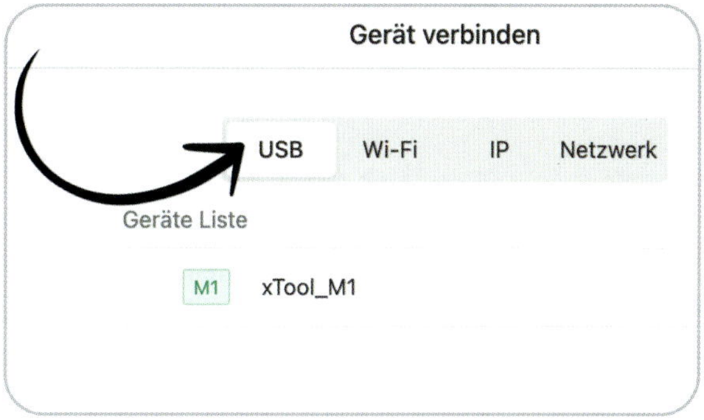

3. Klicke anschließend auf das kleine Zahnrad oben rechts.

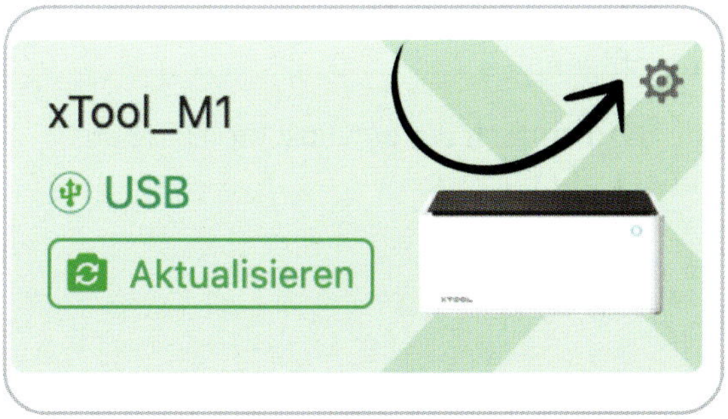

4. Gehe nun auf Einstellungen.

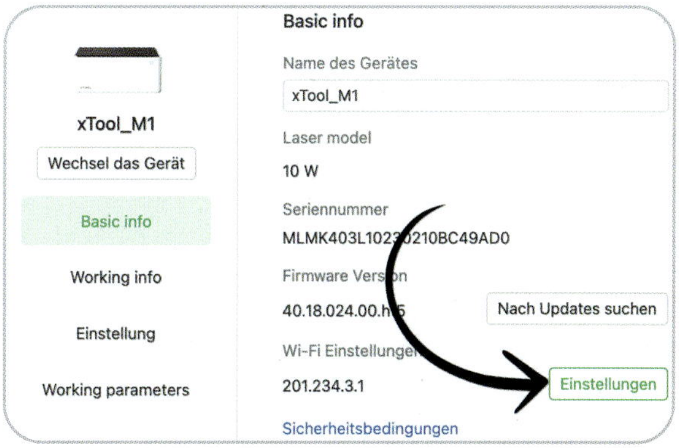

5. Wähle dein WLAN-Netzwerk aus und bestätige.

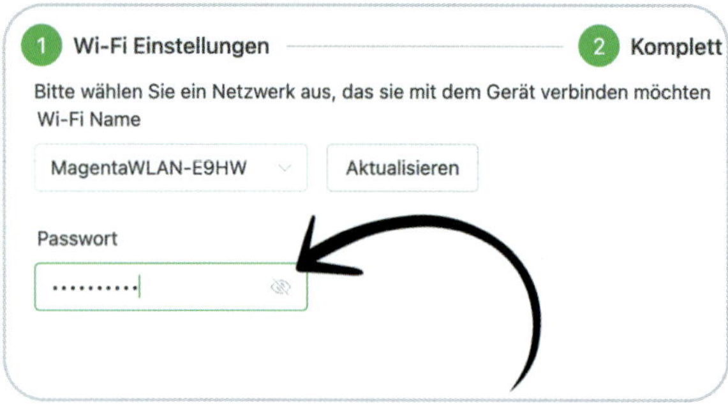

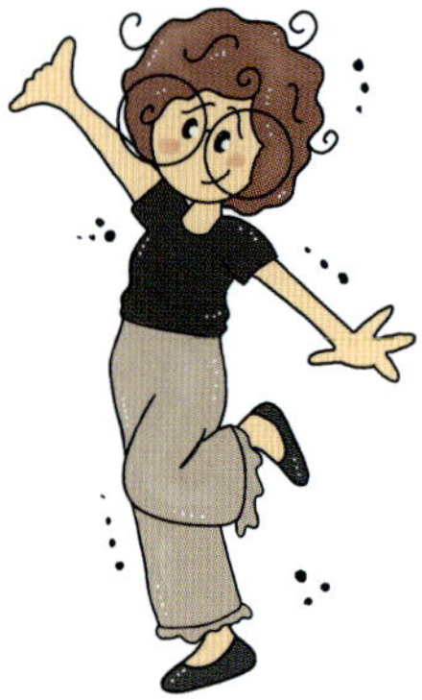

Wenn alles funktioniert hat, kannst du das USB-Kabel entfernen. Dein Laser ist jetzt verbunden und wir können gleich mit den ersten Projekten beginnen.

XTool Creative Space – Grundfunktionen

Wenn du Creative Space öffnest, siehst du am linken Bildschirmrand verschiedene Bearbeitungsoptionen.

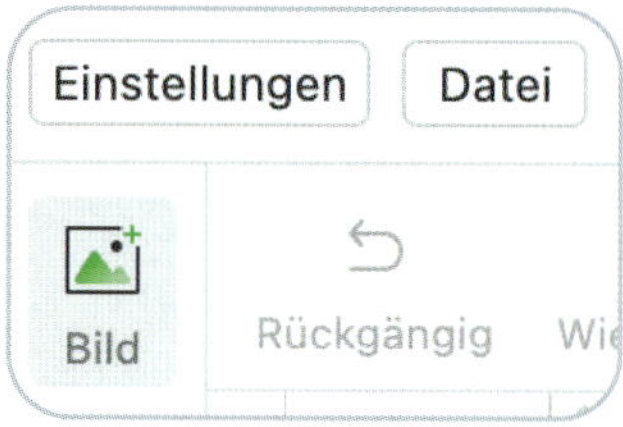

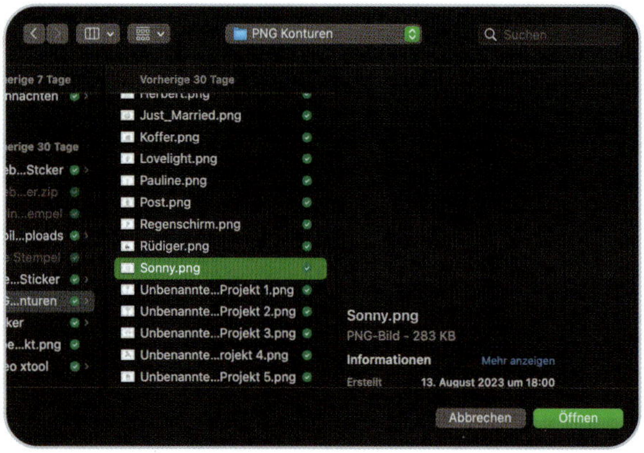

Mit der Option Bild ganz oben links kannst du eine bereits vorhandene Datei von deinem Computer einfügen.

Wähle dazu einfach die gewünschte Datei aus und klicke auf Öffnen.

Falls du selbst ein Motiv erstellen möchtest, stehen dir hierzu verschiedene Möglichkeiten zur Auswahl. Mit EINFÜGEN auf der rechten Seite kannst du z.B. Linien, Rechtecke oder Kreise erstellen.

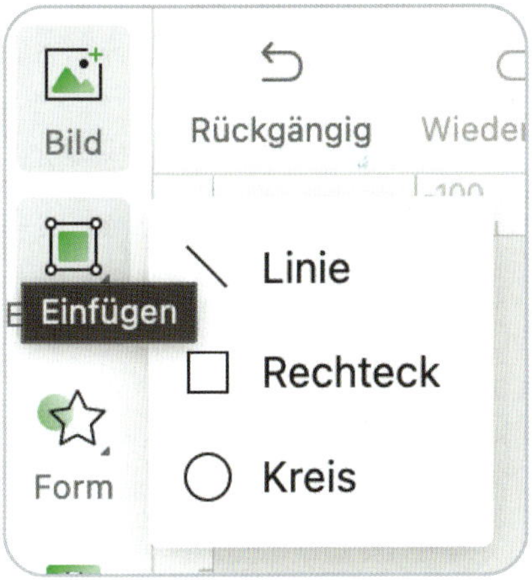

Unter dem Auswahlfeld FORM findest du aber auch eine Vielzahl an fertigen Elementen, die du auswählen und weiter bearbeiten kannst.

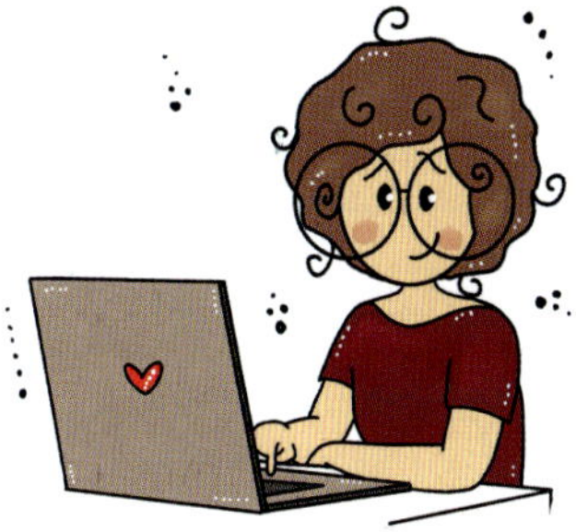

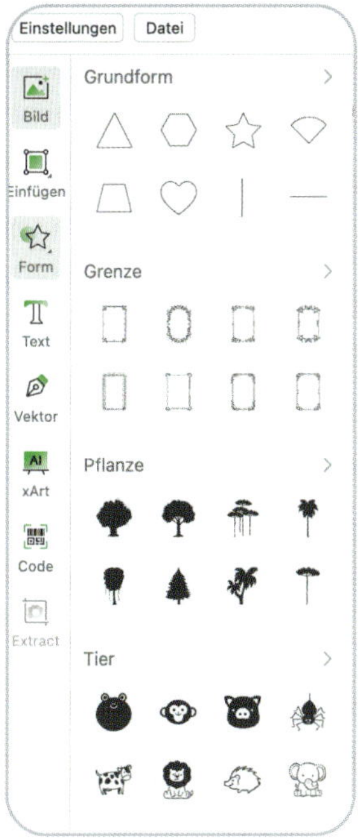

Mit der TEXTFUNKTION kannst du, ähnlich wie bei anderen Programmen, Textfelder erstellen und anschließend Schriftart, Größe und den Stil auf der linken Seite auswählen und ändern. So kannst du z.B. auch die Namen in den Projekten in diesem Buch ändern.

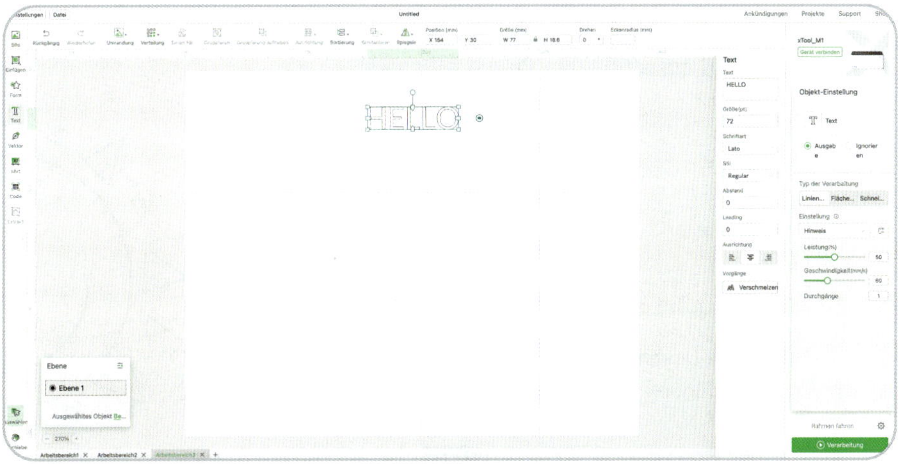

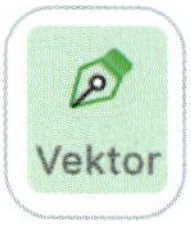

Komplexere Motive lassen sich gut mit der Vektorfunktion auf der linken Seite erstellen. Außerdem hast du die Möglichkeit selbst einen QR Code zu erstellen.

Weiter unten auf der linken Seite stehen dir zwei weitere Auswahl-Optionen zur Verfügung. Mit dem Pfeil kannst du deine Motive auswählen und herumschieben und mit der Hand kannst du die gesamte Ansicht bewegen.

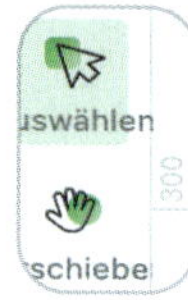

Unten links hast du die Möglichkeit, einen neuen Arbeitsbereich durch Klicken auf das + zu öffnen. So kannst du parallel mehrere Projekte zum Lasern vorbereiten.

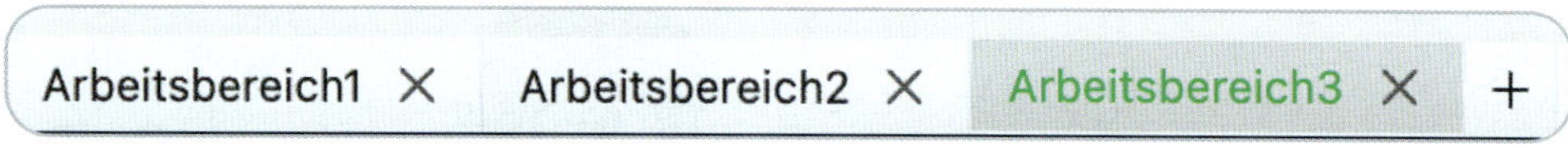

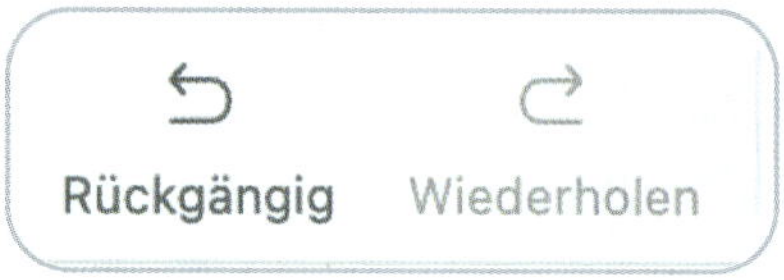

Solltest du dich mal vertan haben, kannst du einzelne Schritte rückgängig machen. Dazu klickst du einfach oben auf Rückgängig. Mit der Wiederholen-Funktion kannst du letzte Schritte wiederholen.

Über die Funktion Umrandung kannst du deinem Motiv automatisch einen Rahmen verpassen, oft auch Offset genannt. Das bietet sich an, wenn du beispielsweise ein Motiv erst als Fläche gravieren und anschließend ausschneiden lassen möchtest.

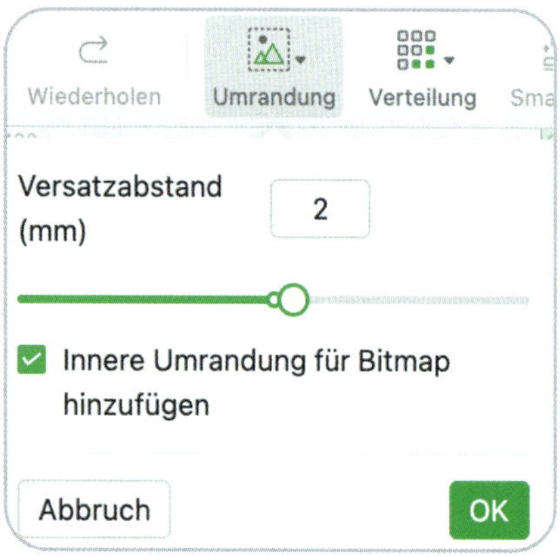

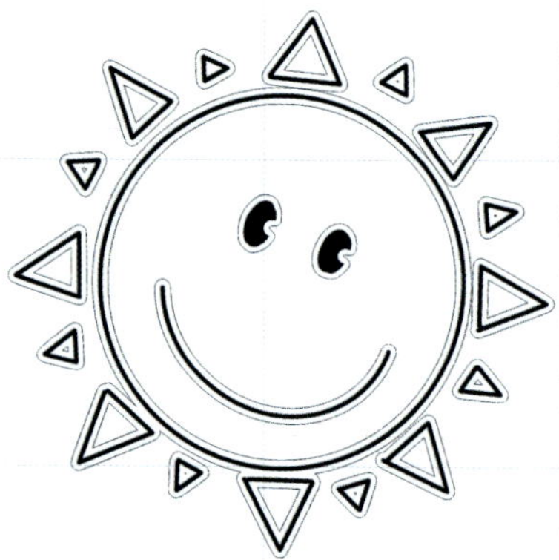

Wenn du mehrere gleiche Motive haben möchtest, kannst du diese mit der Funktion Verteilung erstellen oder anordnen, entweder im Raster oder kreisförmig.

Klicke dazu auf dein Motiv und anschließend auf Raster. Hier kannst du nun die genauen Abstände zueinander eingeben und fertig ist dein Motiv.

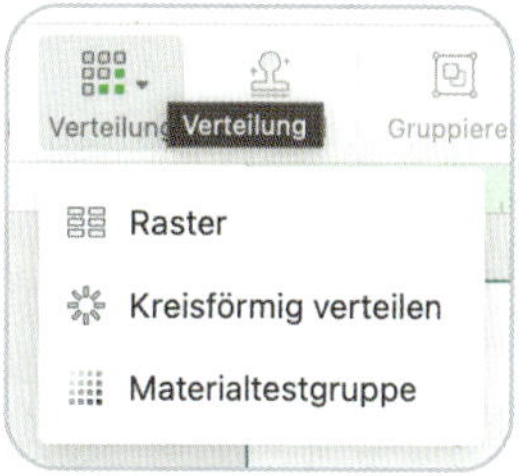

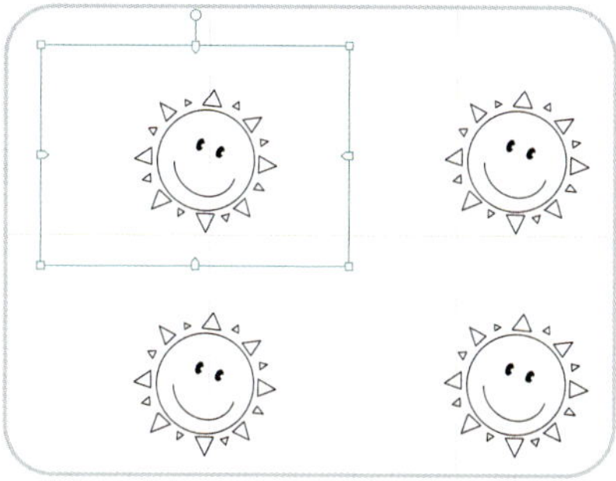

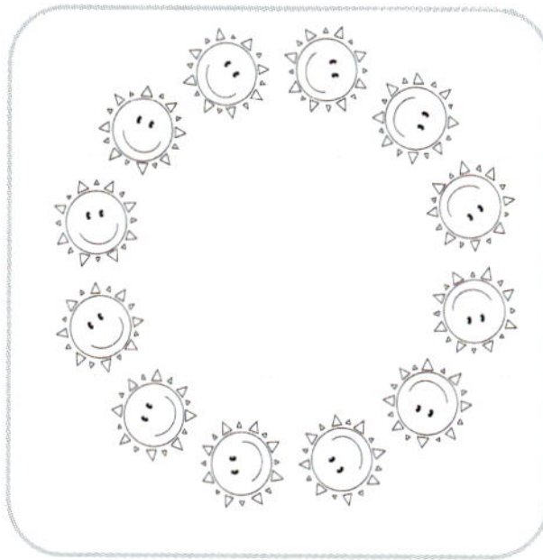

Wenn du in das Lasergerät mehrere Werkstücke gleichzeitig eingelegt hast, die alle mit demselben Motiv graviert werden sollen, klickst du auf das Motiv und wählst dann oben Smart Fill.

Das System kopiert dann selbstständig dein Motiv und platziert es auf allen Werkstücken. Natürlich hast du im Anschluss noch die Möglichkeit, das Motiv individuell zu verschieben.

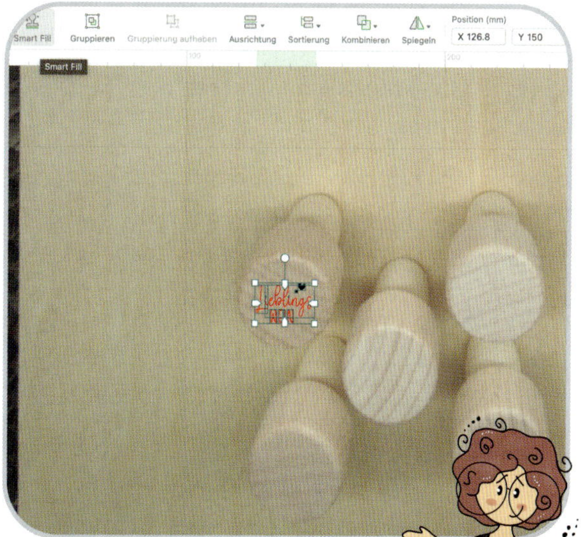

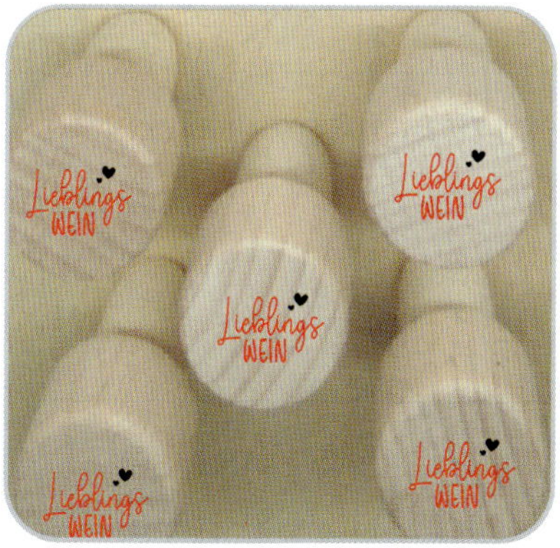

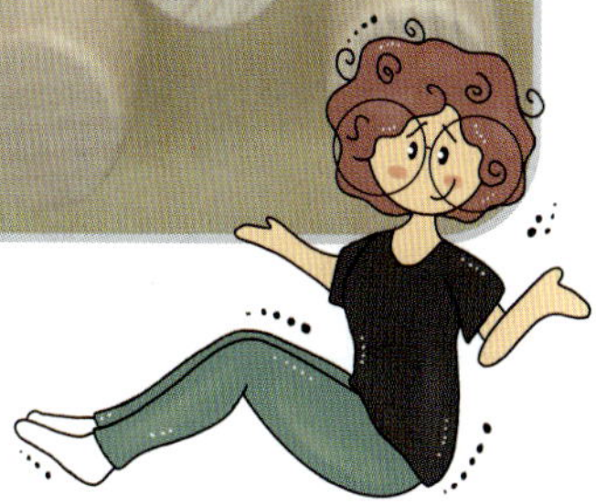

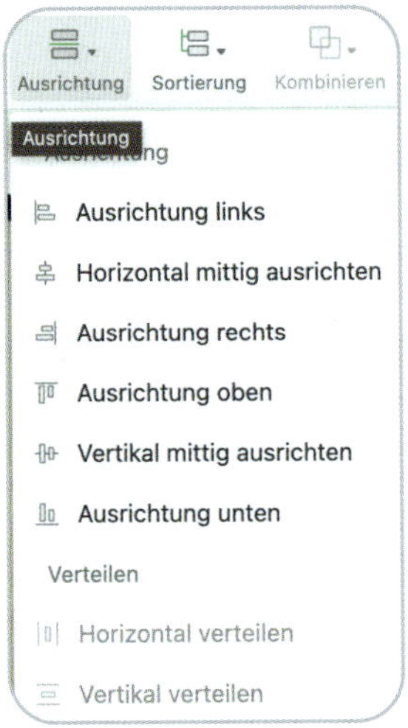

Im Auswahlfeld Ausrichtung findest du weitere Möglichkeiten, deine Motive anzuordnen.

Über den Punkt Sortierung kannst du die Position deines Motivs bestimmen und so festlegen, ob dein Motiv im Vorder- oder Hintergrund stehen soll.

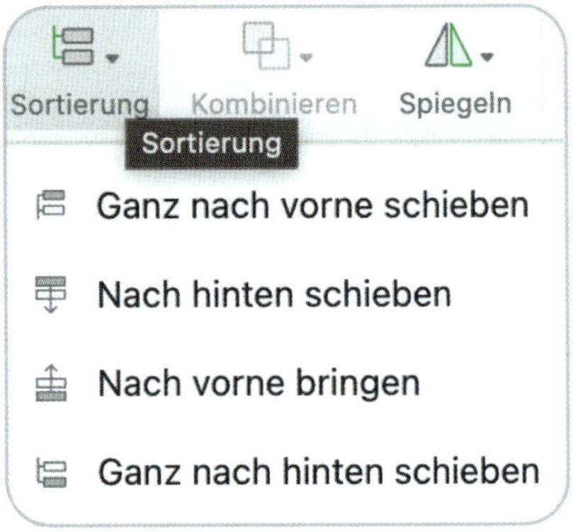

Im Auswahlfeld Kombinieren kannst du mehrere Objekte zusammenführen oder auch begrenzen.

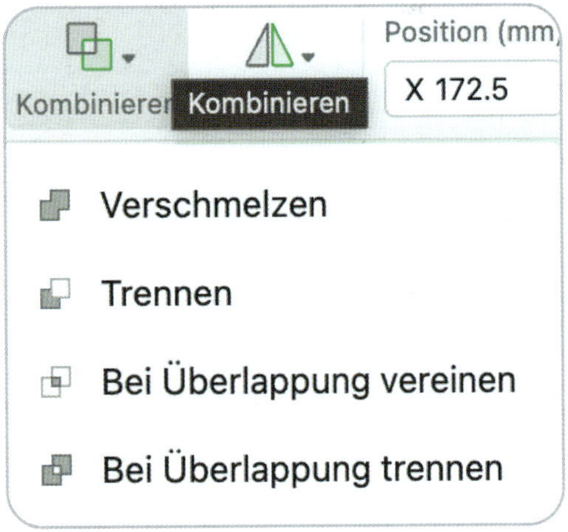

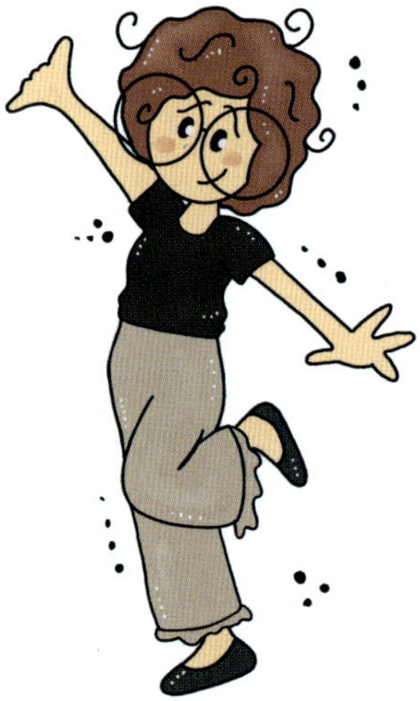

Du kannst zum Beispiel zwei Kreise miteinander verschmelzen ...

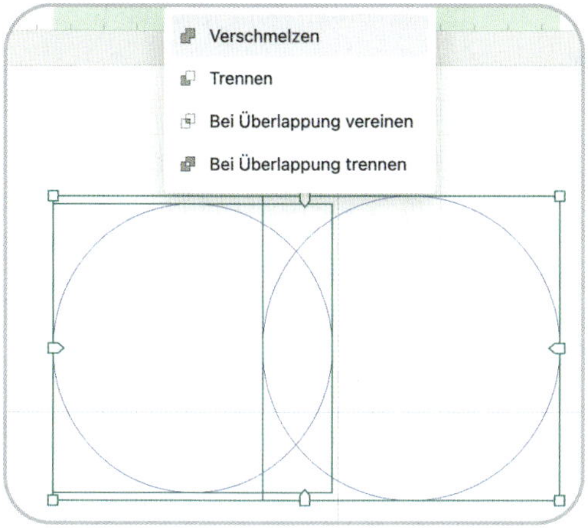

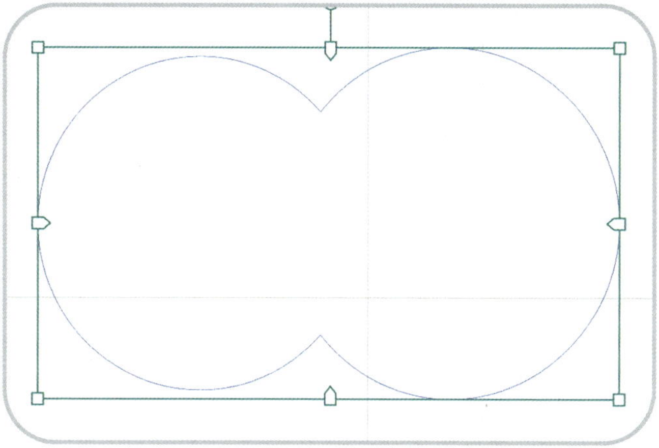

... voneinander trennen ...

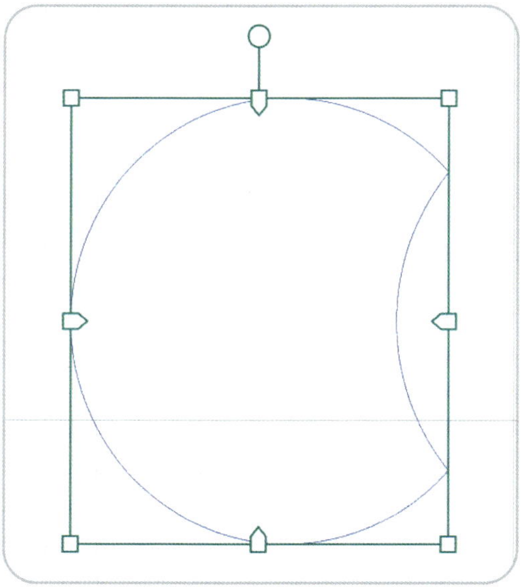

... oder bei Überlappung vereinen.

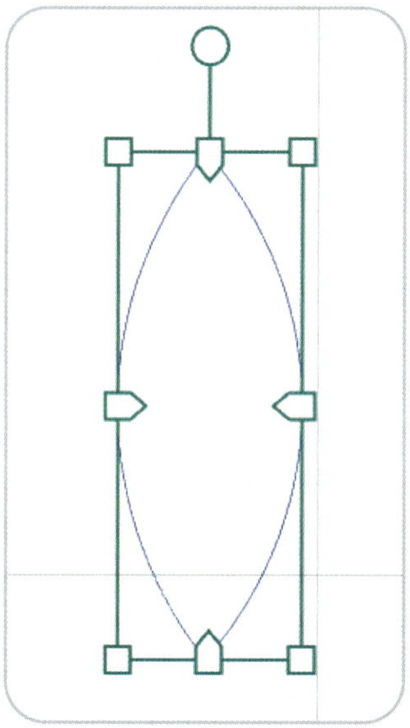

Natürlich kannst du deine Objekte auch horizontal oder vertikal spiegeln.

Diese Funktion wirst du brauchen, wenn du beispielsweise Schriften für Stempel vorbereiten möchtest.

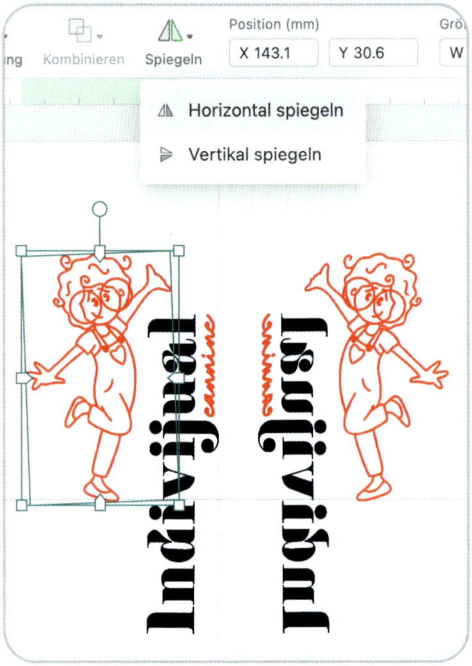

Auf der rechten Seite des Programms kannst du nun alle abschließenden Einstellungen vornehmen.

Im oberen linken Bereich kannst du auswählen, auf welche Art du schneiden oder gravieren möchtest.

Unter MATERIAL wählst du anschließend ein voreingestelltes Material aus oder du legst selbst deine Parameter zum Schneiden oder Gravieren fest.

Mit der Zeit bekommst du ein Gefühl, ob du die Leistung oder die Geschwindigkeit anpassen musst, um ein schöneres Ergebnis zu erzielen.

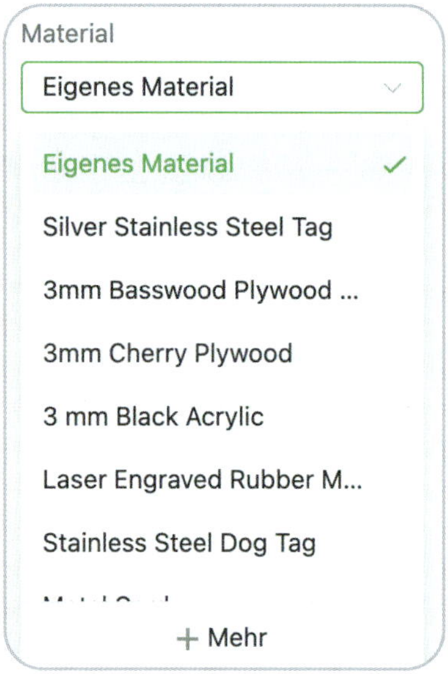

Mit einem Klick auf Auto-Messung misst der Laser die Dicke deines Materials. Dazu musst du das Werkstück im Laser mittig unter dem roten Laserpunkt positionieren und dann den Deckel wieder schließen. Klicke auf Auto-Messung – der Laser ermittelt nun die tatsächliche Dicke des Materials. Natürlich könntest du auch selbst die Dicke eingeben. Wähle dann noch aus, ob du die Dreiecksprismen verwendet hast oder nicht.

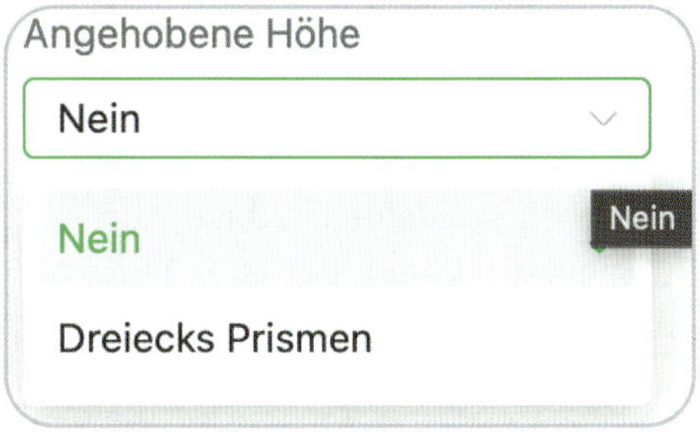

Unter Bahnbearbeitung legst du fest, ob der Laser nach Ebenen arbeiten oder automatisch planen soll.

Automatisch werden immer erst die Linien- oder Flächengravuren gelasert, erst danach schneidet das Gerät.

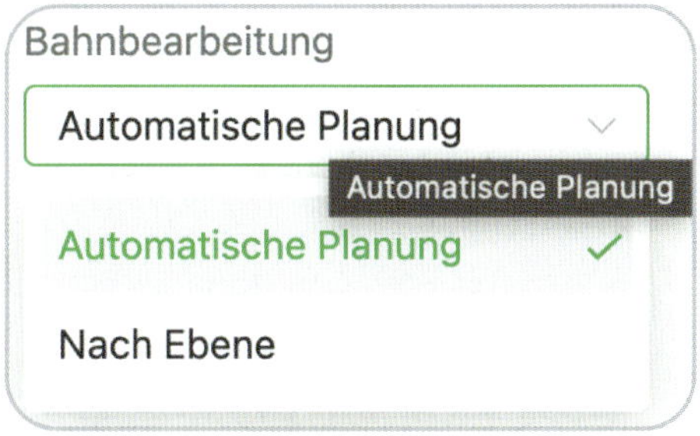

Zum Schluss entscheidest du, ob du bei deinem Motiv nur die Linien oder alles – also die Fläche – gravieren willst, oder ob du das Motiv ausschneiden lassen möchtest.

Dann kannst du noch die Geschwindigkeit und Leistung anpassen und klickst danach auf den grünen Button unten rechts auf Verarbeitung.

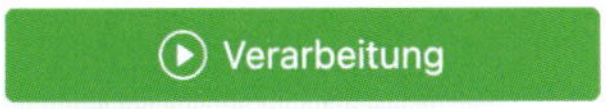

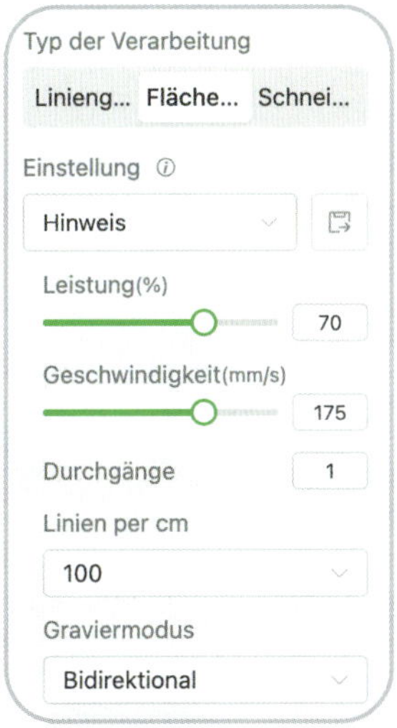

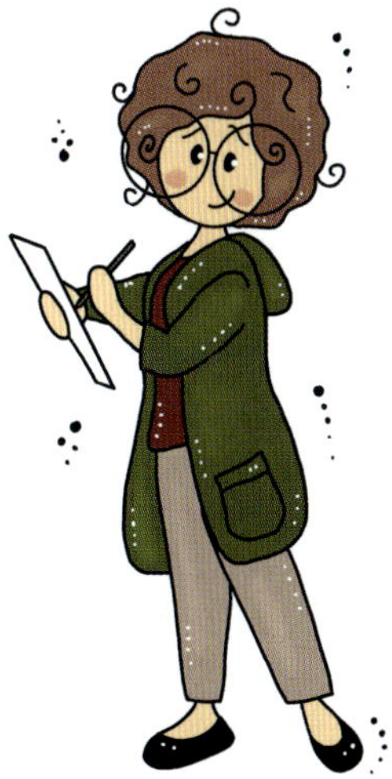

Bevor es losgeht, wird dir noch eine Vorschau deines Motivs angezeigt.

Zur Sicherheit empfehle ich dir, die Rahmenfahrt vom Laser durchführen zu lassen. Dabei kannst du durch die Scheibe des Lasers beobachten, ob die eingestellte Position deines Motivs korrekt ist.

Wenn du mit der Rahmenfahrt zufrieden bist, drückst du den grünen Start-Button.

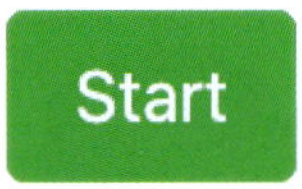

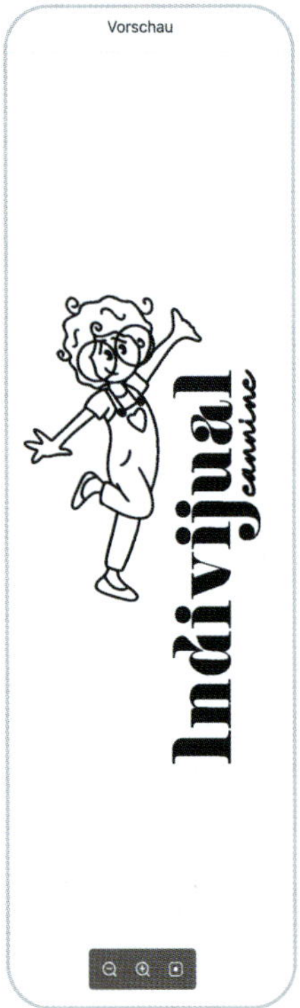

Nun wird dir noch ein Sicherheitshinweis angezeigt.

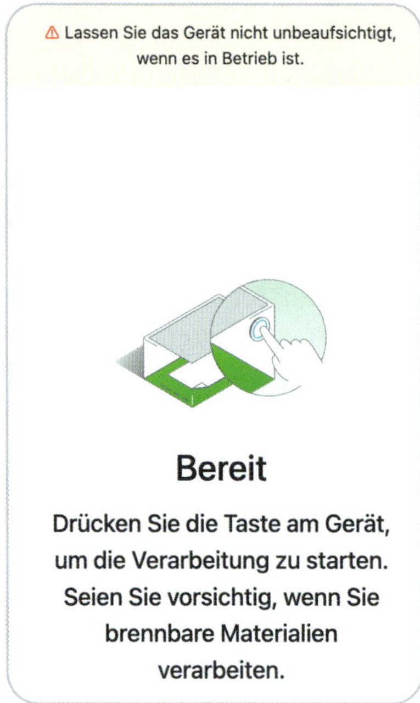

Drücke zum Starten die blaue Taste an deinem Laser und los geht's!

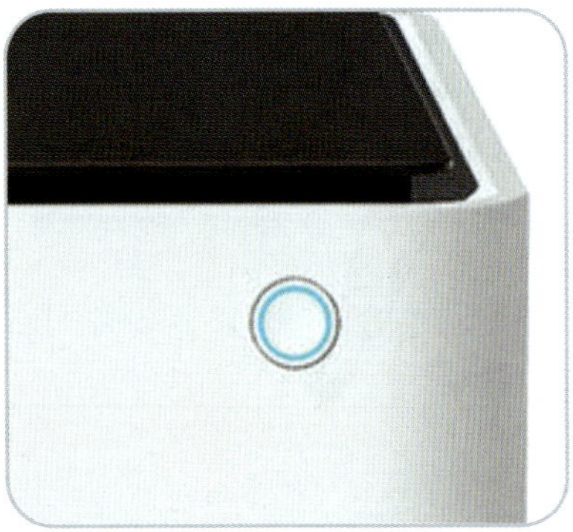

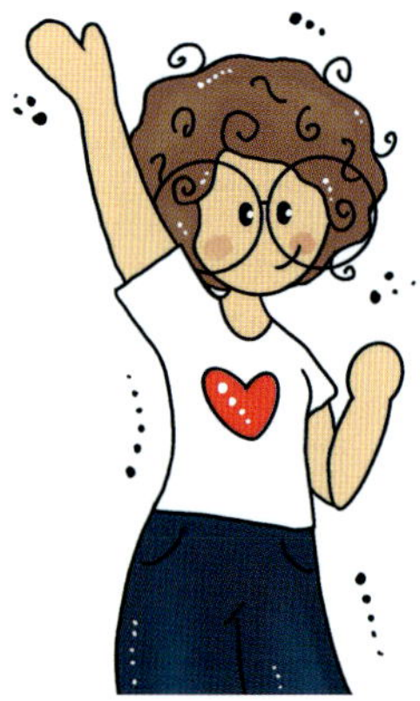

Linse beim xTool M1 reinigen

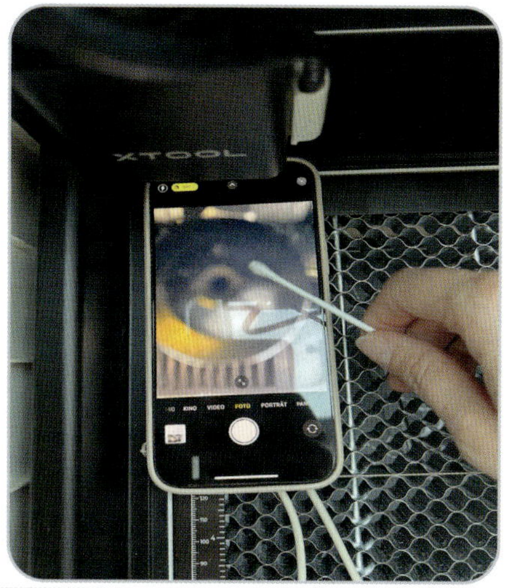

Nach ca. 4 Stunden der Nutzung zeigt dein System an, dass die Linse deines xTool-Lasers gereinigt werden muss.

Dazu empfehle ich dir Wattestäbchen und ***Isopropyl-Alkohol***. Damit lassen sich Schmutz und Staub sehr gut ablösen. Trenne den xTool Laser M1 vom Strom und halte dein Handy unter die Linse. Aktiviere die Handykamera und verschaffe dir damit Sicht auf die Linse.

Gehe dann mit dem Wattestäbchen einige Male über die Linse.

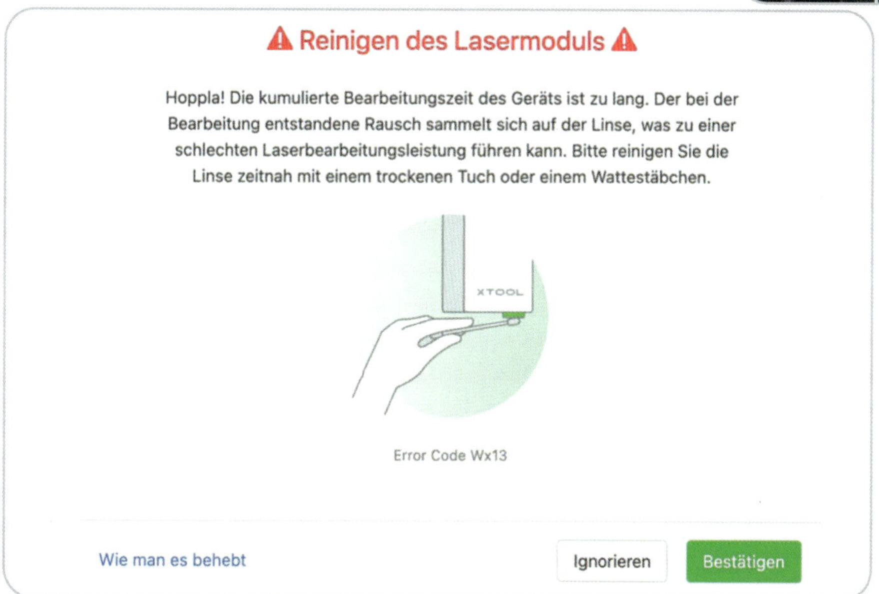

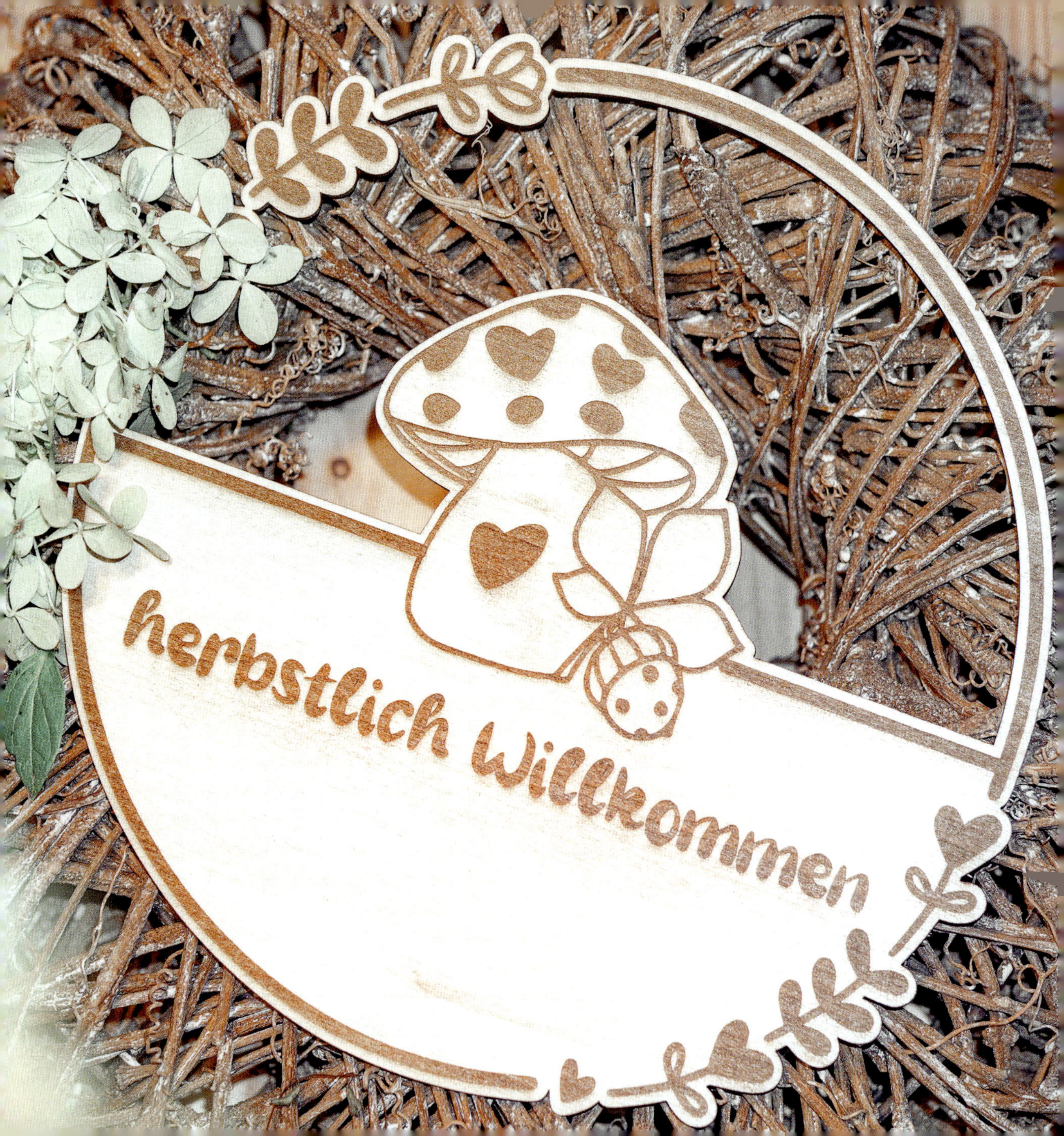
herbstlich Willkommen

Herbstkranz

Material

3 mm Holzplatten | Datei »herbstlich-willkommen-Offset.svg«

Öffne deinen Laser und lege die im Lieferumfang enthaltenen Prismenstifte in gleichen Abständen auf die Bodenplatte des Lasers.

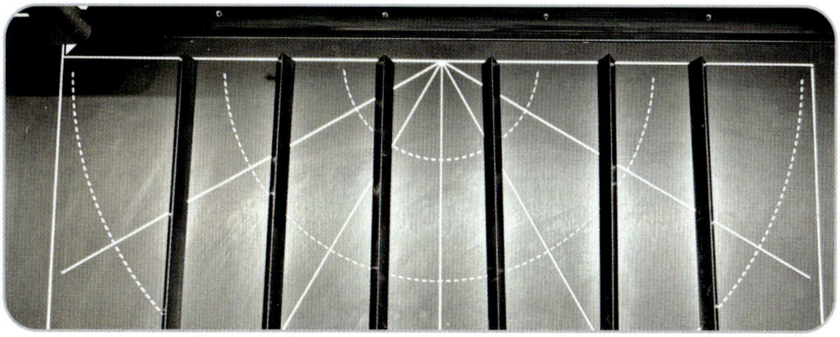

Wenn du die Wabenplatte mit der Erhöhung nicht besitzt, solltest du Holz immer mit diesen Prismen unterlegen, wenn es geschnitten werden soll. Das macht das Ergebnis schöner, da die Luft unter dem Werkstück besser zirkulieren kann.

Positioniere nun die Holzplatte auf den Prismen. Schalte den Laser ein und öffne auf deinem PC das Programm ***xTool Creator Space (XCS)***.

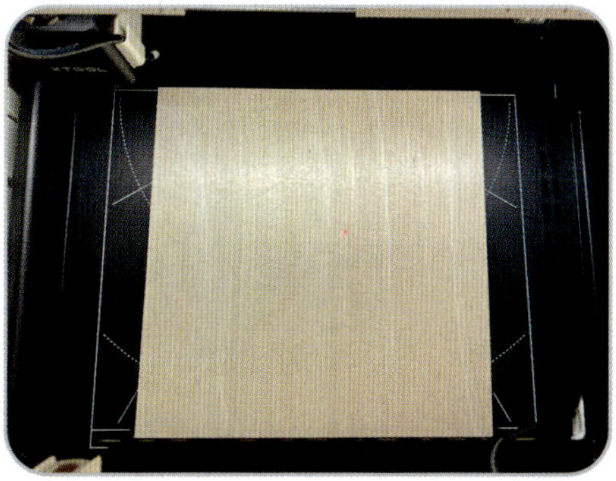

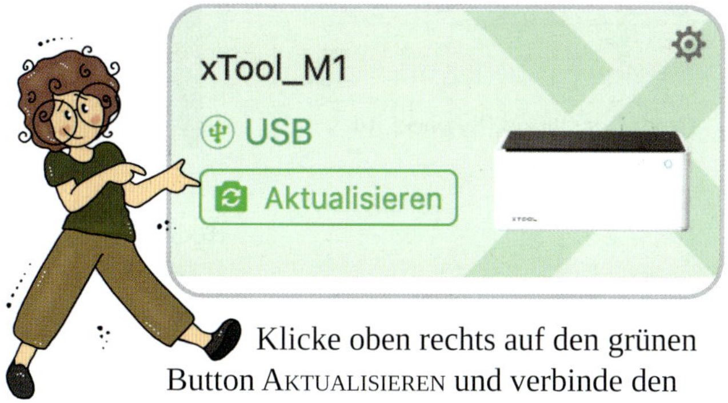

Klicke oben rechts auf den grünen Button Aktualisieren und verbinde den Laser mit dem PC. Dir wird nun die Holzplatte im XCS angezeigt.

Jetzt lädst du als Erstes die Datei ***»herbst-lich-willkommen-Offset.svg«***. Klicke dazu oben links auf Datei | Öffne Projekt und wähle die zuvor von dir gespeicherte Datei auf deinem Rechner aus und klicke dann auf Öffnen.

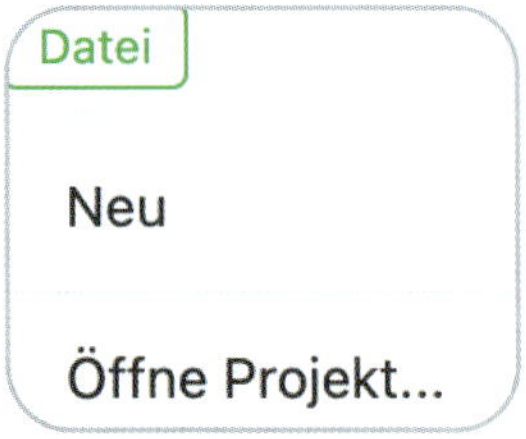

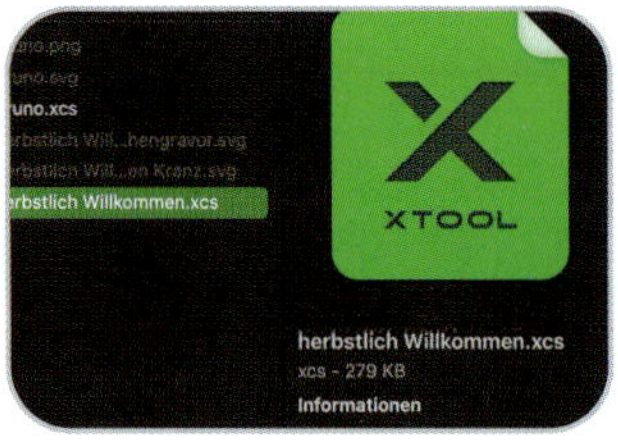

Nun erscheint die Holzplatte samt Motiv auf deinem Bildschirm.

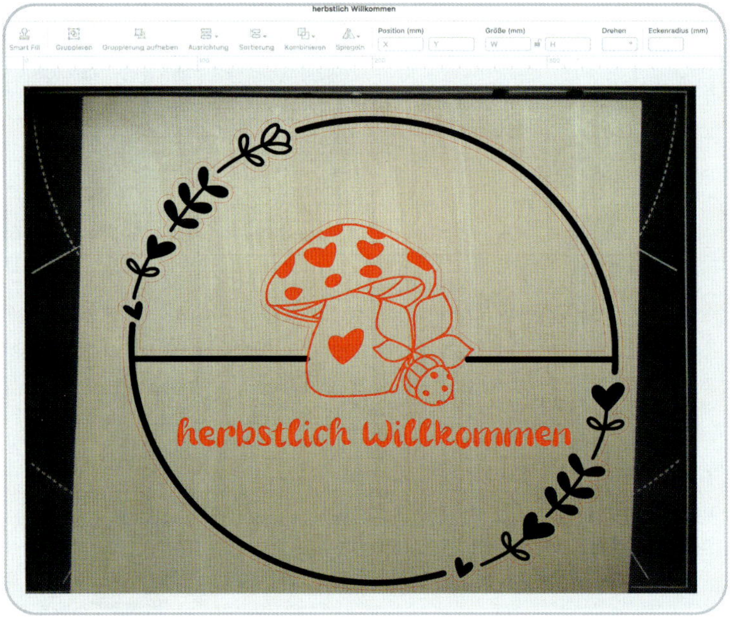

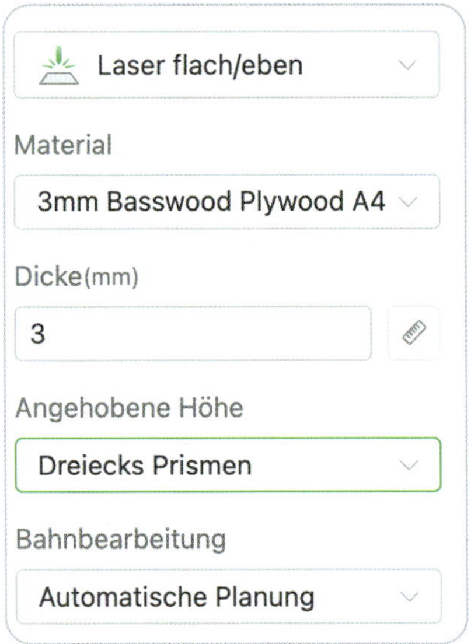

Rechts oben wählst du Laser flach/eben aus und darunter als Material 3 mm Basswood Plywood.

Unter Angehobene Höhe stellst du Dreiecks Prismen ein.

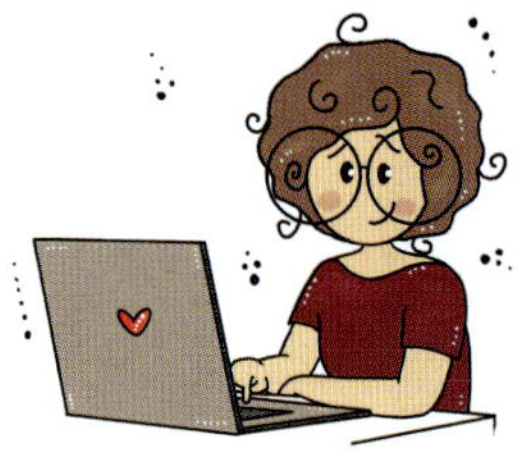

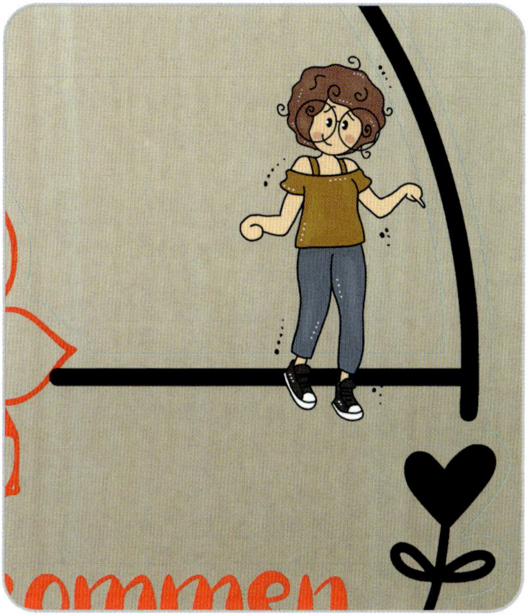

Wenn du nun mit deiner Maus über das Motiv fährst, siehst du, dass die Elemente nach und nach türkis leuchten.

Diese Umrandung muss geschnitten werden, sie ist der äußere Ring deines Türkranzes.

Markiere ihn (türkis leuchtend) und wähle rechts Schneiden aus.

Wiederhole dies mit allen Elementen, die geschnitten werden müssen.

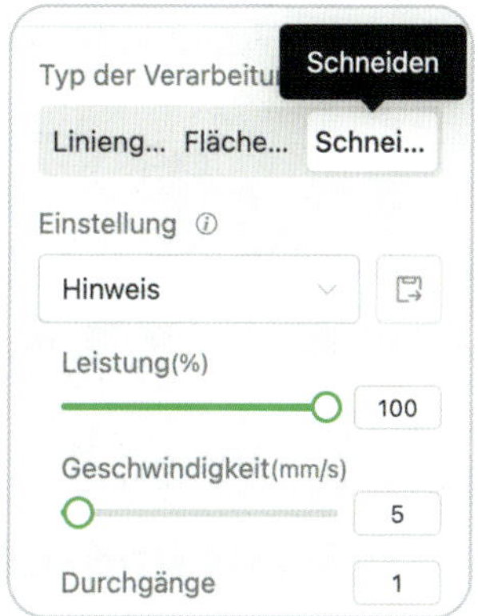

Das Muster deines Kranzes muss graviert werden.

Fahre dazu mit der Maus über diese Flächen, markiere sie (türkis leuchtend) und wähle dann rechts Flächengravur aus.

Wiederhole dies für alle Flächen, die graviert werden sollen.

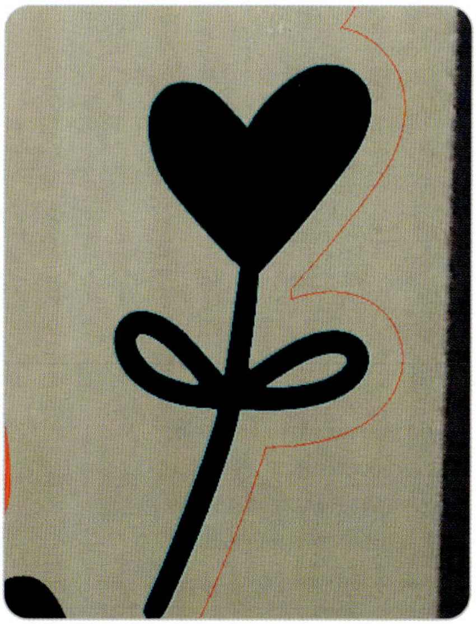

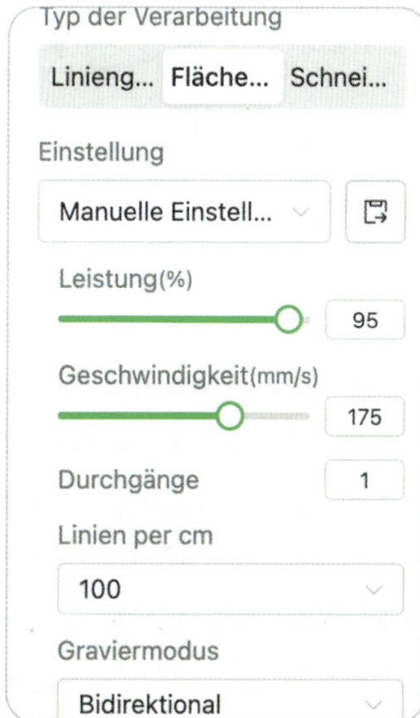

Wenn du alles fertig markiert hast, klickst du unten rechts auf VERARBEITUNG.

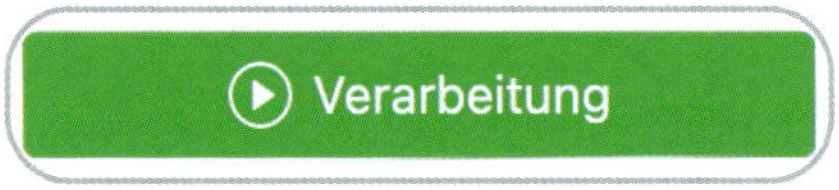

Der Laser zeigt dir dein Projekt nun nochmal zur Überprüfung im XCS an.

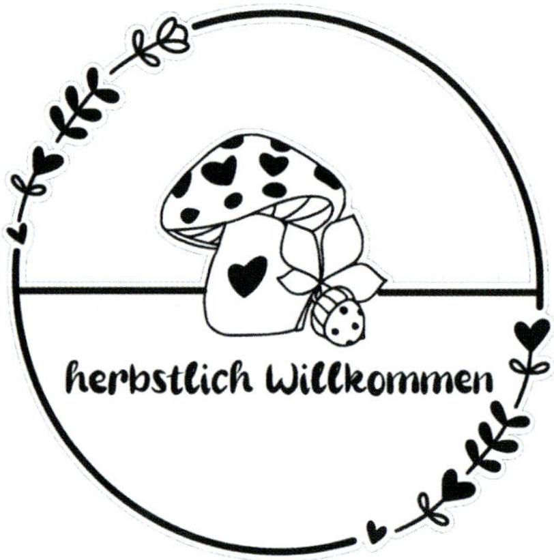

Wenn du den ***Air Assist*** besitzt, schalte ihn ein. Er bläst kalte Luft an den Laser, während dieser schneidet, und verbessert so das Ergebnis wesentlich.

Die Rahmenfahrt hilft dir zu überprüfen, ob das Motiv richtig auf dem Werkstück platziert ist. Ich empfehle dir, diese Rahmenfahrt vor jedem Lasern / Gravieren durchzuführen.

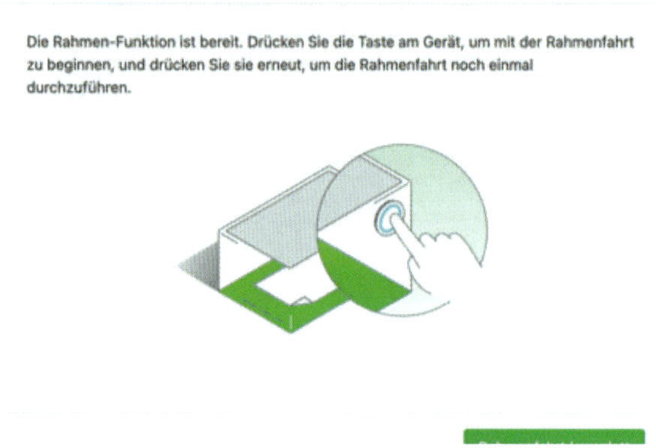

Jetzt kannst du das Motiv an den xTool M1 senden und den Laser mit der *grünen START-Taste* in Betrieb nehmen.

Bestätige zum Schluss noch mit der *blauen Taste* am Laser.

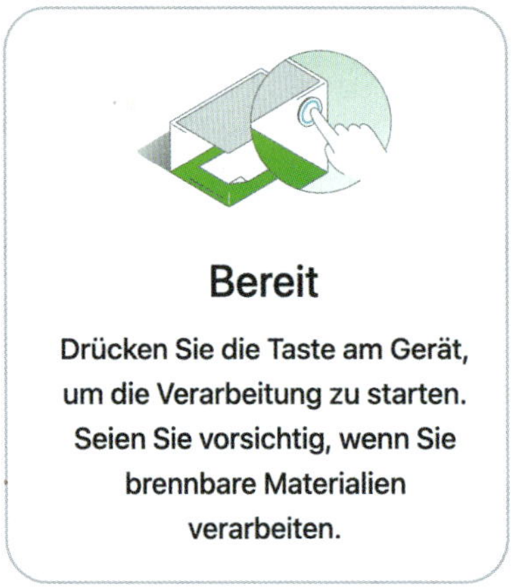

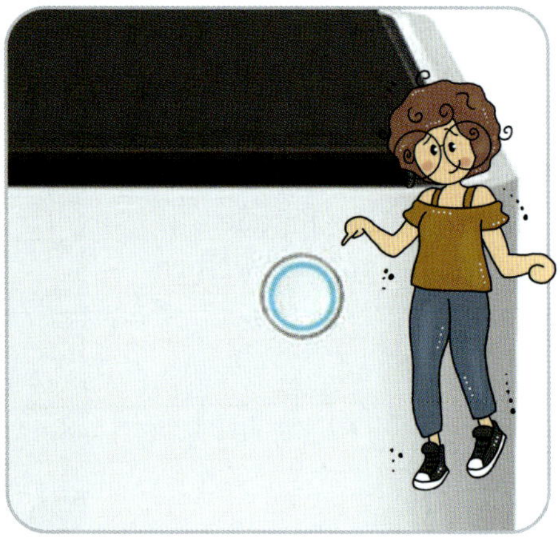

Auf deinem Computer wird dir angezeigt, wie lange der Vorgang in etwa dauert. Sobald dein Türkranz fertig gelasert ist, piept dein Laser.

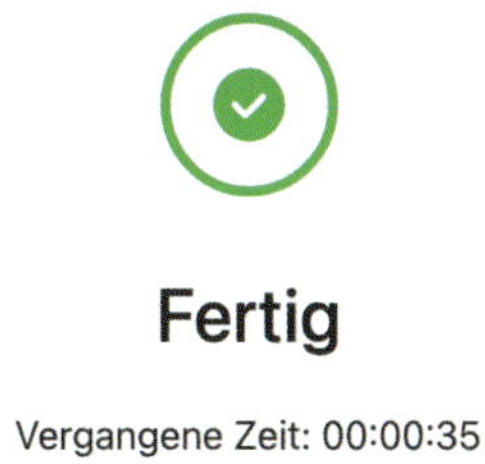

Geschafft!

Du kannst jetzt den Deckel deines Lasers öffnen, den Türkranz herausnehmen und ihn nach deinen Vorstellungen dekorieren.

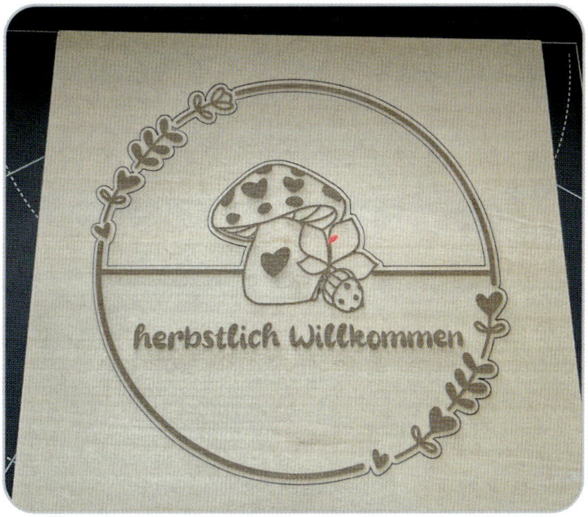

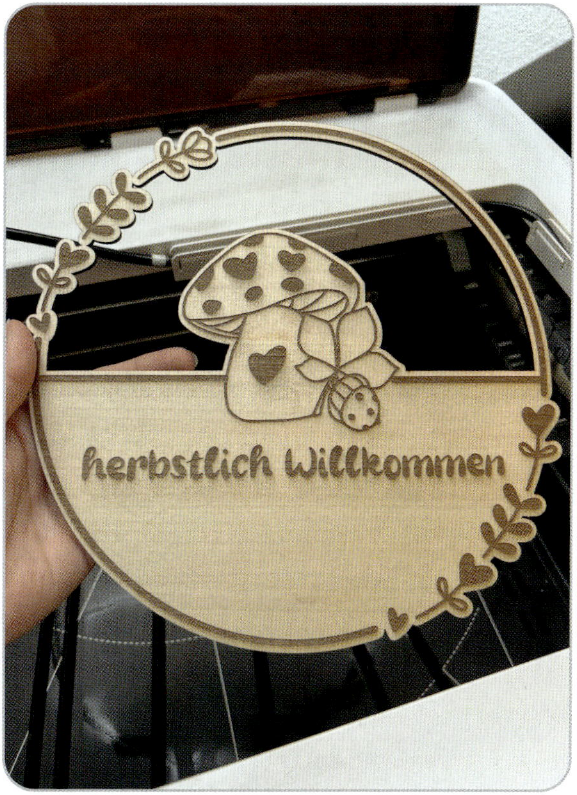

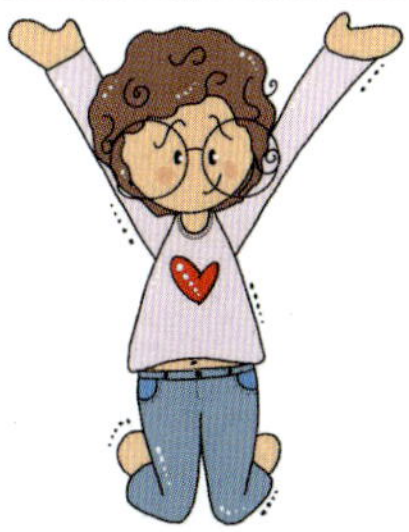

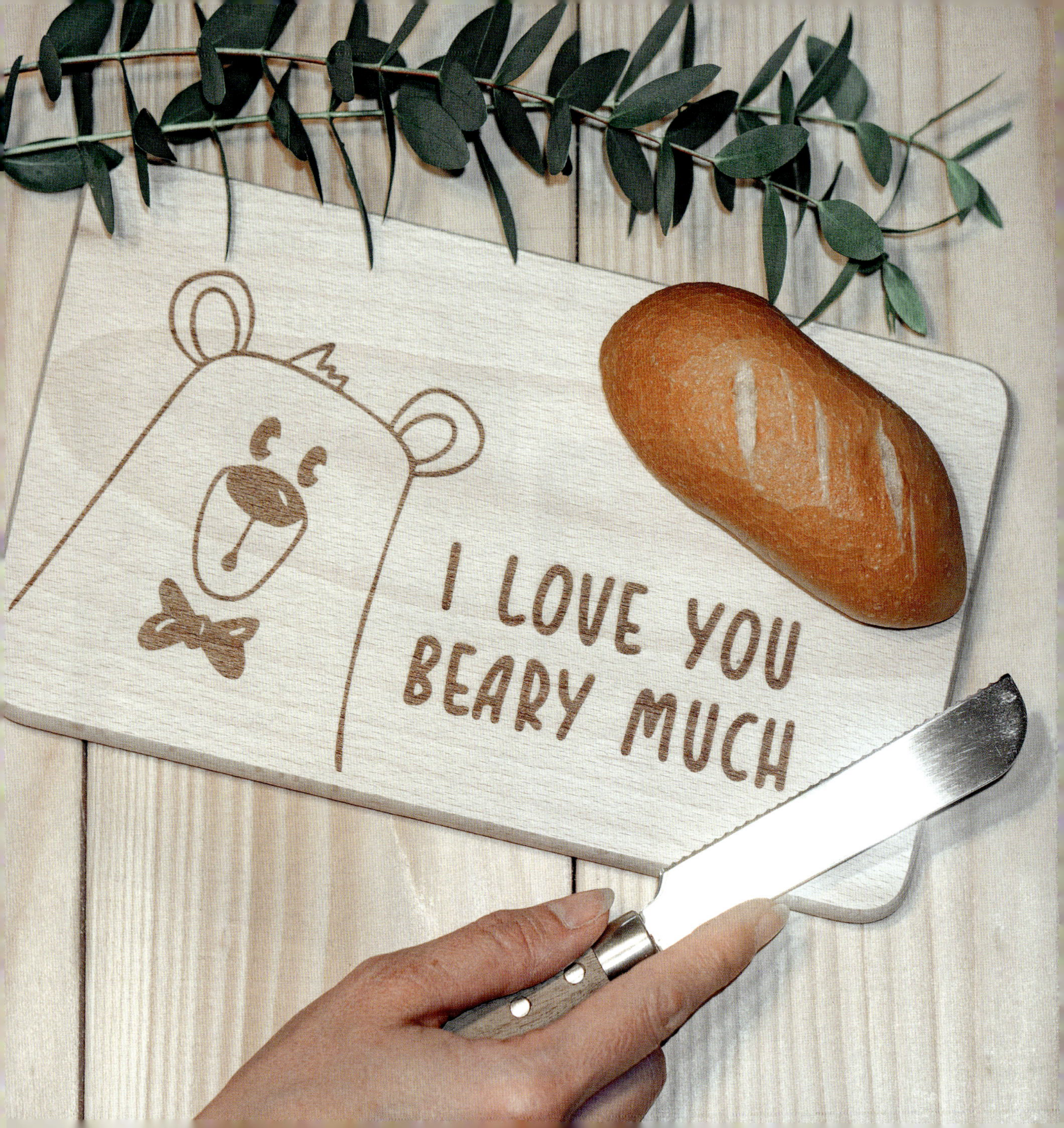
I LOVE YOU
BEARY MUCH

Frühstücksbrett Bruno – I love you beary much

Material

Frühstücksbrett | Datei »Bruno.svg« | Leinöl oder Bienenwachs | Erhöhung mit Wabenplatte

Zuerst positionierst du dein Frühstücksbrett mittig im Laser. Schalte dann dein Gerät ein.

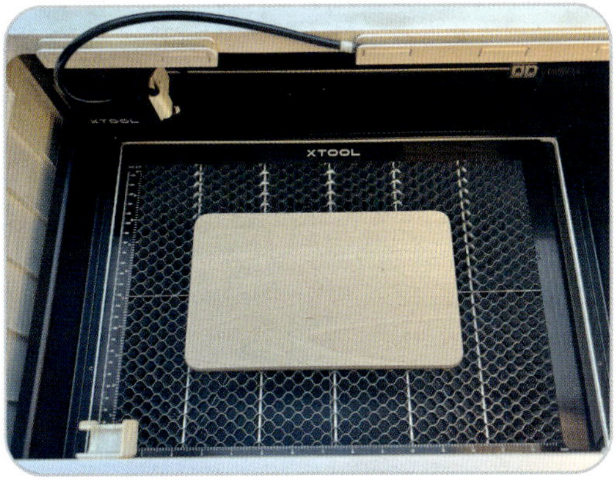

Im Inneren des xTool M1 leuchtet ein roter Laserpunkt. Positioniere dein Brettchen so, dass der Laserpunkt die Oberfläche trifft und schließe den Deckel.

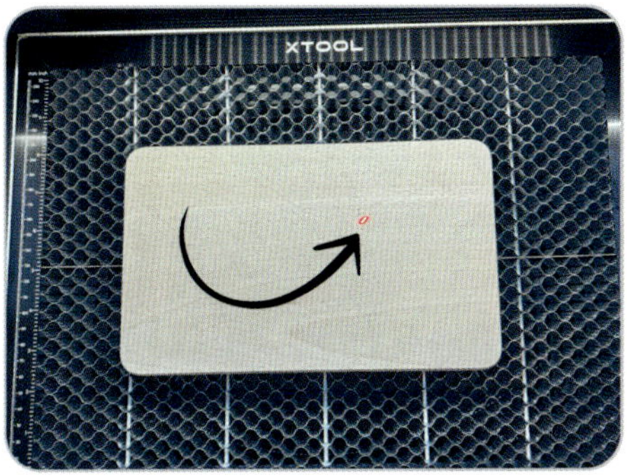

Öffne das xTool Creator Space (XCS) an deinem PC und verbinde deinen xTool Laser.

Dir wird nun dein Frühstücksbrett im Display angezeigt.

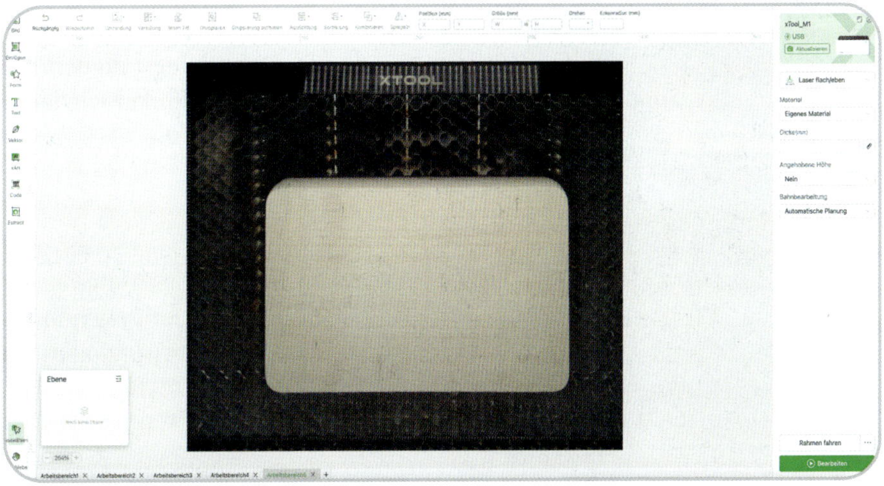

Rechts wählst du Laser flach/eben aus und darunter den Auswahlpunkt 3 mm Basswood Plywood. Dein Frühstücksbrett ist zwar etwas dicker, aber das lässt du im nächsten Schritt noch vom Programm messen.

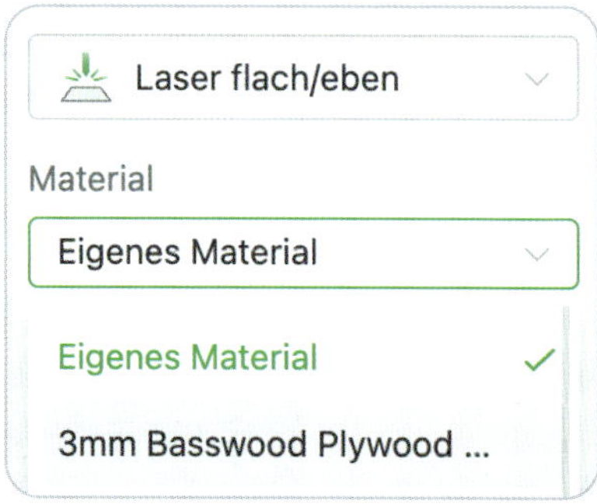

Für Holz nutze ich gerne diese Voreinstellung. Du hast natürlich die Möglichkeit, ***Eigenes Material*** auszuwählen und selbst Parameter festzulegen.

Jetzt klickst du links bei Dicke auf das kleine Lineal und startest die Auto-Messung.

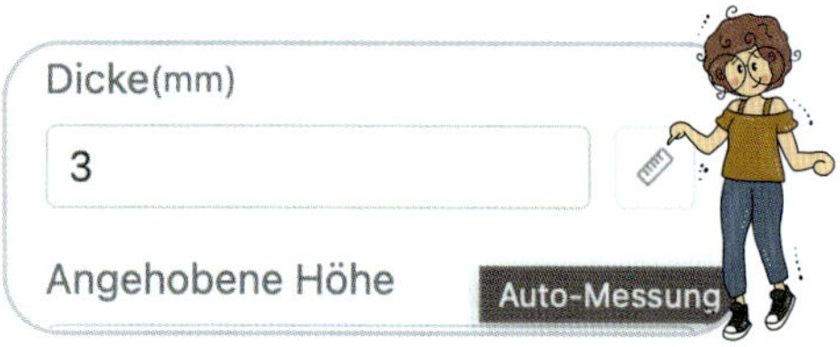

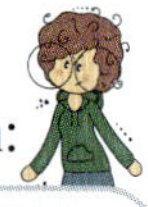

Das Programm zeigt dir wahrscheinlich Folgendes an:

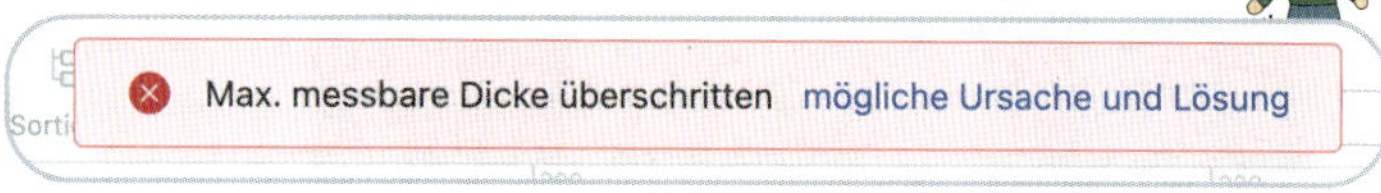

Das bedeutet, dass dein Frühstücksbrett zu dick ist und du jetzt die Erhöhung mit der Wabenplatte benötigst.

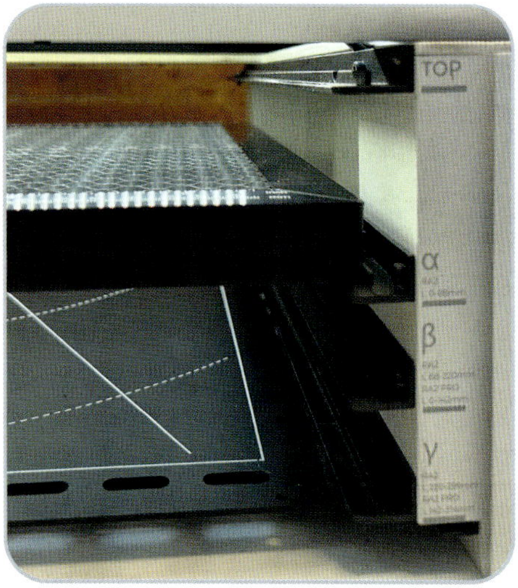

Dazu nimmst du dein Brett nochmal aus dem Laser heraus und schiebst die Wabenplatte in den obersten Einschub der Erhöhung. Danach legst du dein Frühstücksbrett wieder unter den Laserpunkt und wiederholst den Messvorgang.

Je nach Dicke des Materials kann es passieren, dass dein Laser wieder folgende Fehlermeldung anzeigt. Kein Grund zum Verzweifeln!

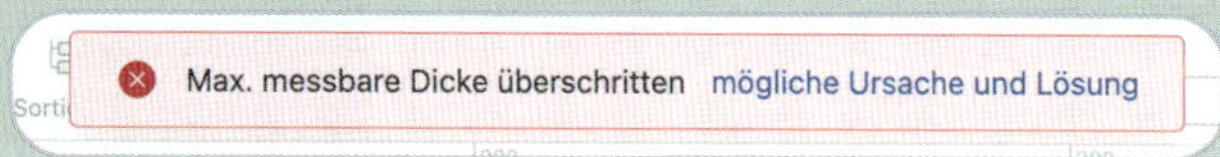

Du musst ein bisschen mit den Höhen herumspielen und testen, auf welcher Höhe dein Material optimal platziert ist. Dazu empfehle ich dir zum Unterlegen die mitgelieferten Prismen, kleine Holzklötze oder ähnliches. Unterlege dein Brett und teste immer wieder mit der Messung, ob dein Programm mit der Höhe zufrieden ist.

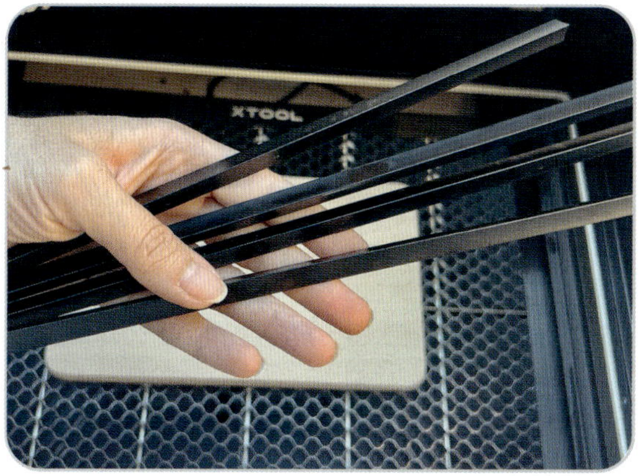

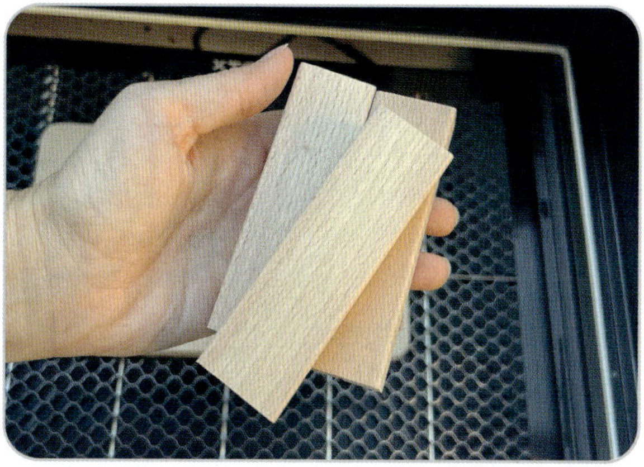

Sobald das Programm die Höhe erkannt hat, erscheint diese Anzeige in deinem xTool Creator Space:

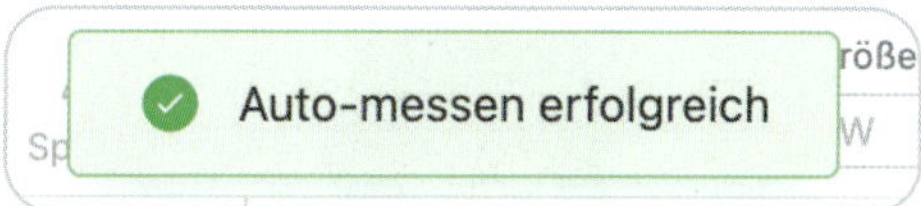

Öffne nun erneut den Deckel des Laser, verschiebe dein Frühstücksbrett so weit wie möglich nach oben und richte es mittig aus.

An dieser Stelle im Laser sitzt die Kamera. Du erzielt an diesem Platz das beste Ergebnis, um die Schrift oder das Motiv auf deinem Werkstück zu platzieren, ohne beim Lasern einen Versatz im Ergebnis zu haben.

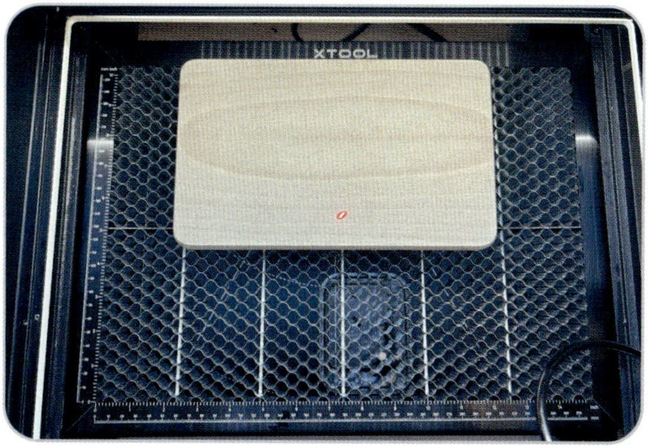

Öffne jetzt im Creator Space die Vorlage ***»Bruno.svg«***. Klicke dazu oben links auf Bild und suche die zuvor abgespeicherte Datei auf deinem Computer und bestätige mit Öffnen.

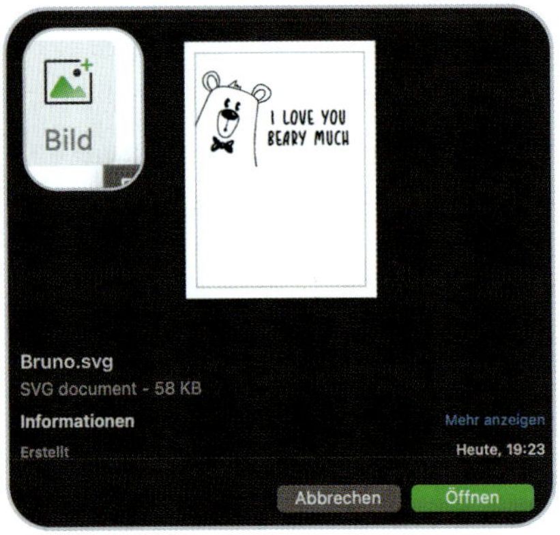

Markiere dein Motiv und die Schrift, indem du es mit der Maus anklickst, wähle nun auf der rechten Seite im Creator Space die Flächengravur aus. Dein Motiv leuchtet nun rot.

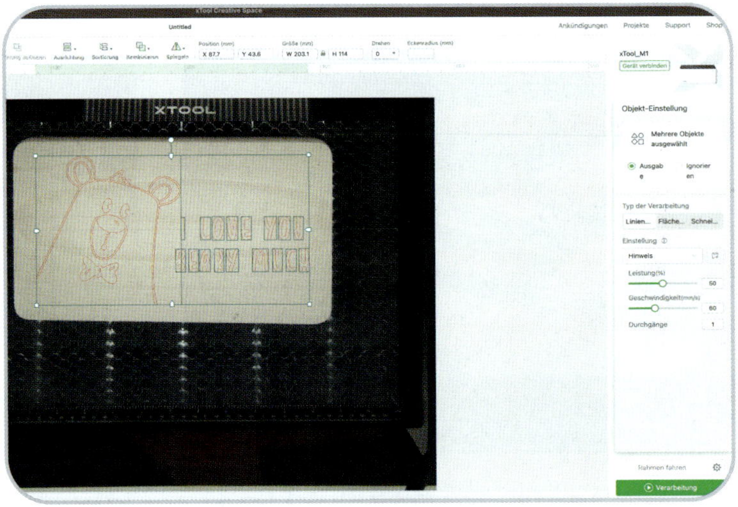

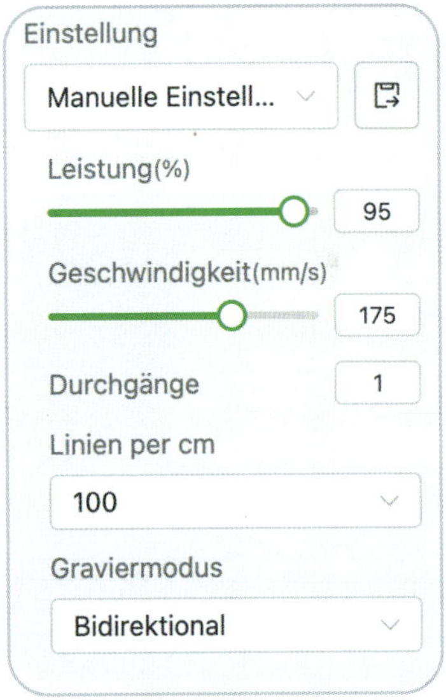

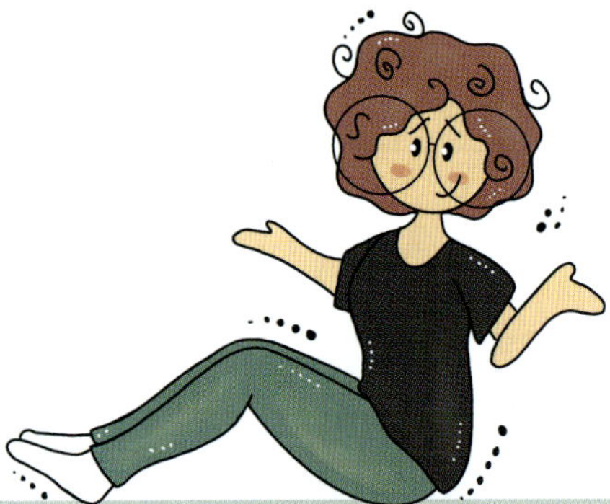

Je nachdem, wie dunkel dein Motiv graviert werden soll, kannst du hier die Leistung erhöhen oder verringern. Für ein kräftigeres Ergebnis bei Holz empfehle ich dir, die Leistung auf ca. 95% zu erhöhen. Das Ergebnis kann je nach Holzart variieren. Geschwindigkeit und Durchgänge bleiben unverändert.

Nun kannst du dein Motiv noch nach Wunsch auf deinem Frühstücksbrett platzieren.

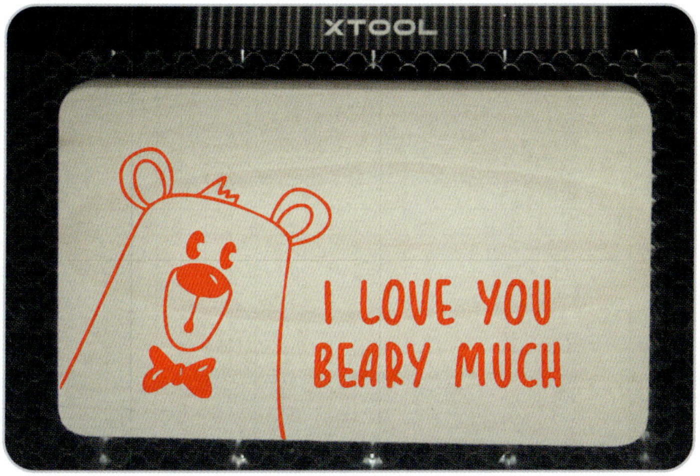

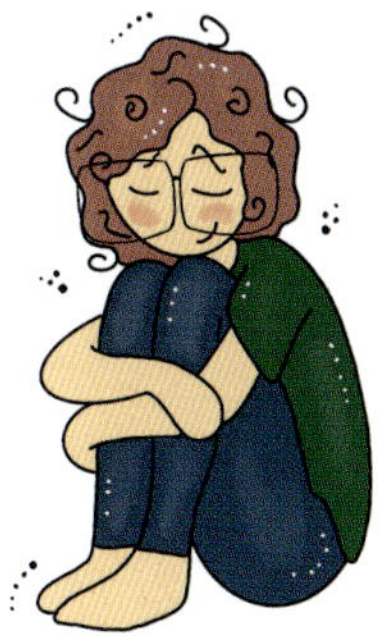

Wenn du zufrieden bist, können wir mit dem Gravieren starten. Klicke dazu unten rechts auf VERARBEITUNG.

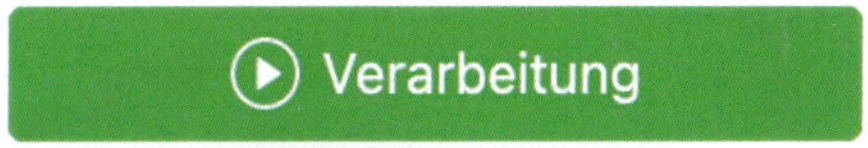

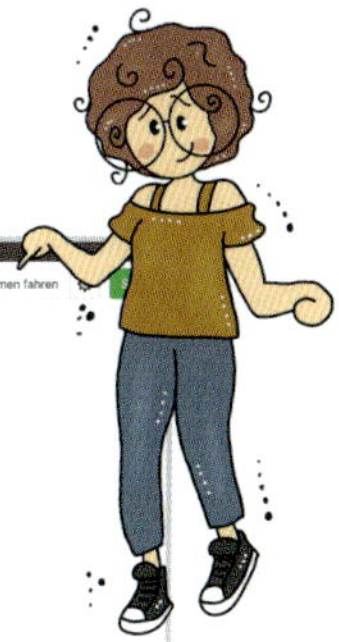

In der nächsten Ansicht zeigt dir das System nochmal das Motiv, das gelasert wird.

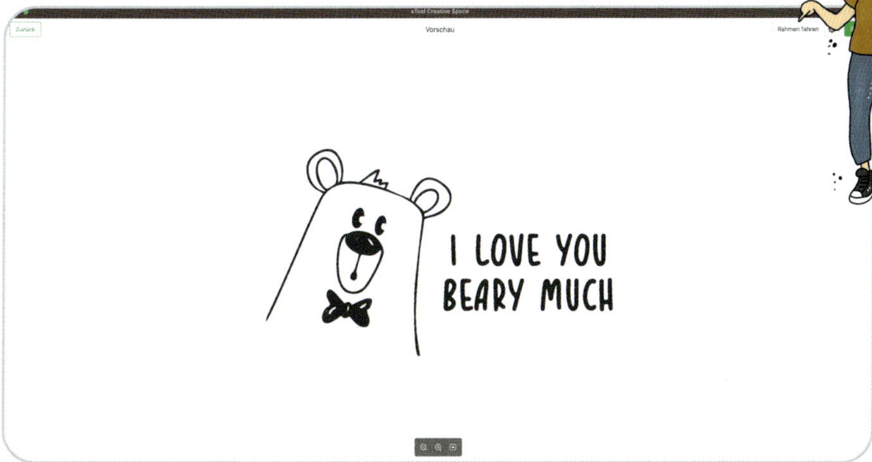

Klicke oben rechts und starte die Rahmenfahrt zur Überprüfung.

Drücke die START-Taste an deinem Laser, um die Rahmenfahrt durchzuführen.

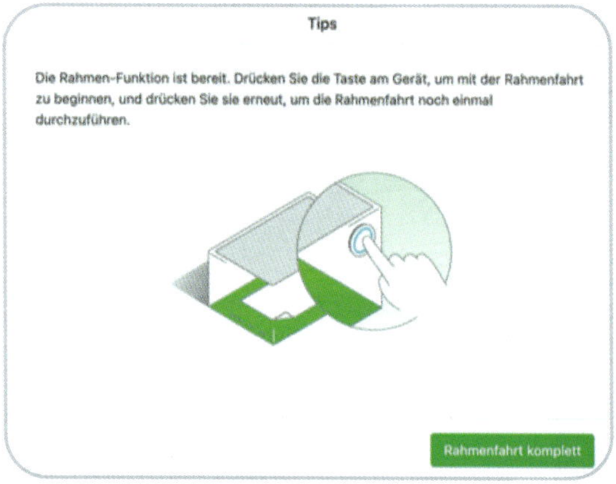

Die Rahmenfahrt hilft dir zu überprüfen, ob das Motiv richtig auf deinem Werkstück platziert ist. Ich empfehle dir, diese Rahmenfahrt vor jedem Lasern / Gravieren durchzuführen.

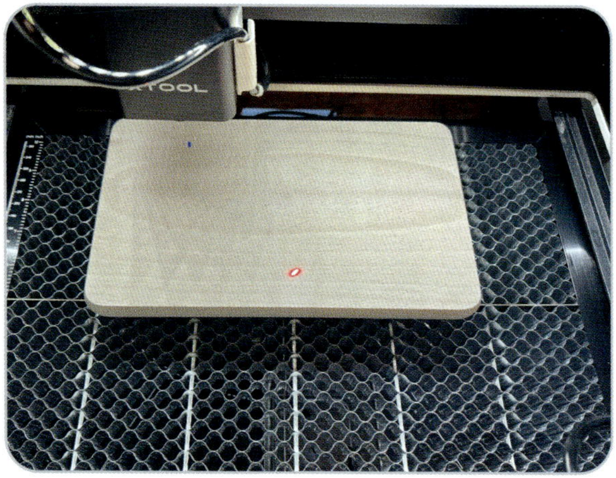

Jetzt kannst du den Laser mit der grünen START-Taste starten und das Motiv an den M1 senden. Bestätige wie immer mit der blauen Taste.

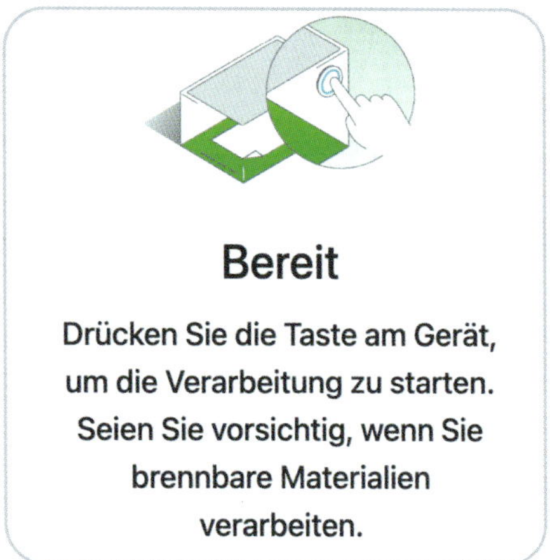

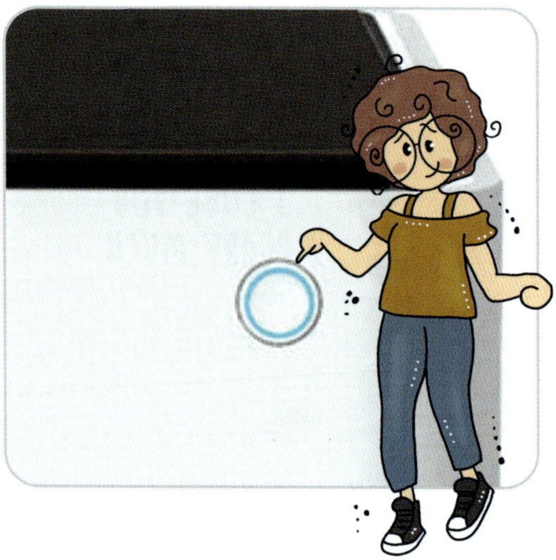

Auf deinem Computer wird dir angezeigt, wie lange der Vorgang in etwa dauert.

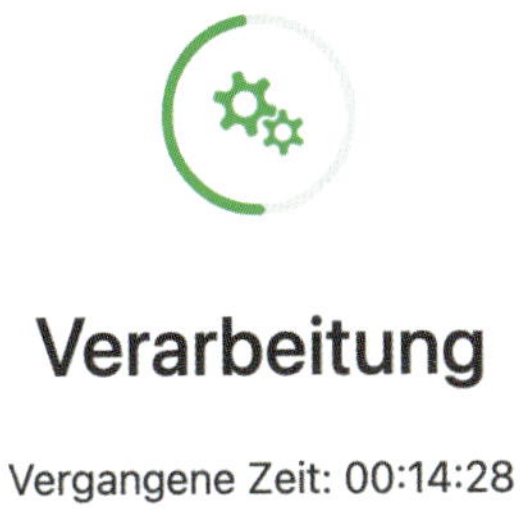

Sobald dein Frühstücksbrett fertig graviert ist, piepst der Laser.

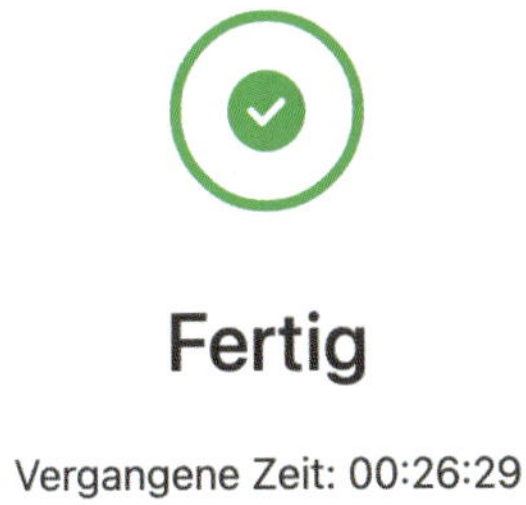

Du kannst den Deckel nun öffnen und das fertige Brettchen herausnehmen.

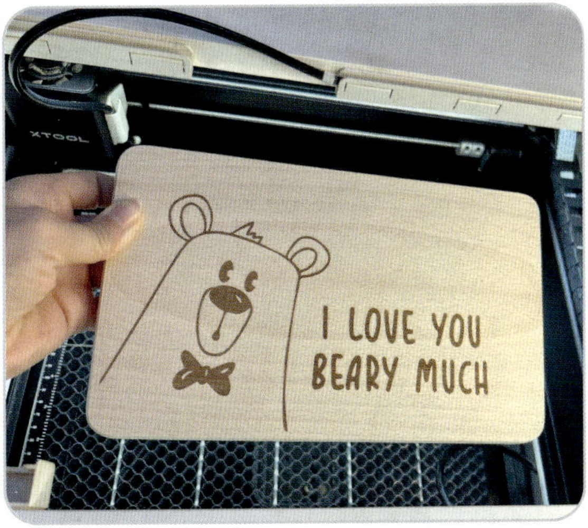

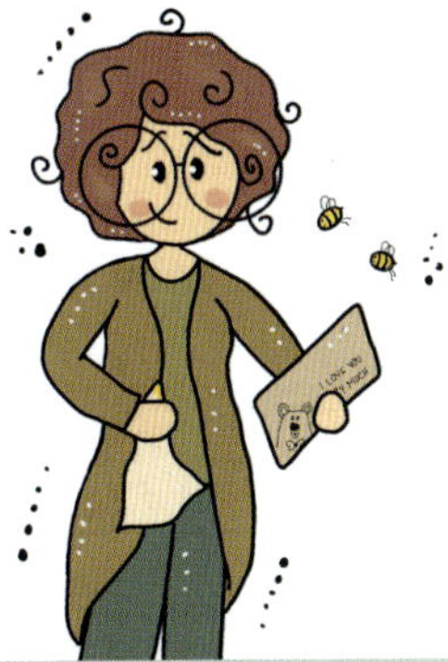

Für die Holzpflege verwende ich Leinöl oder Bienenwachs. Leinöl wirkt antibakteriell und pilzhemmend. Das Bienenwachs imprägniert die Holzoberfläche, sodass kein Schmutz eindringen kann. So kann das Brettchen dann auch als Frühstücksbrettchen verwendet werden.

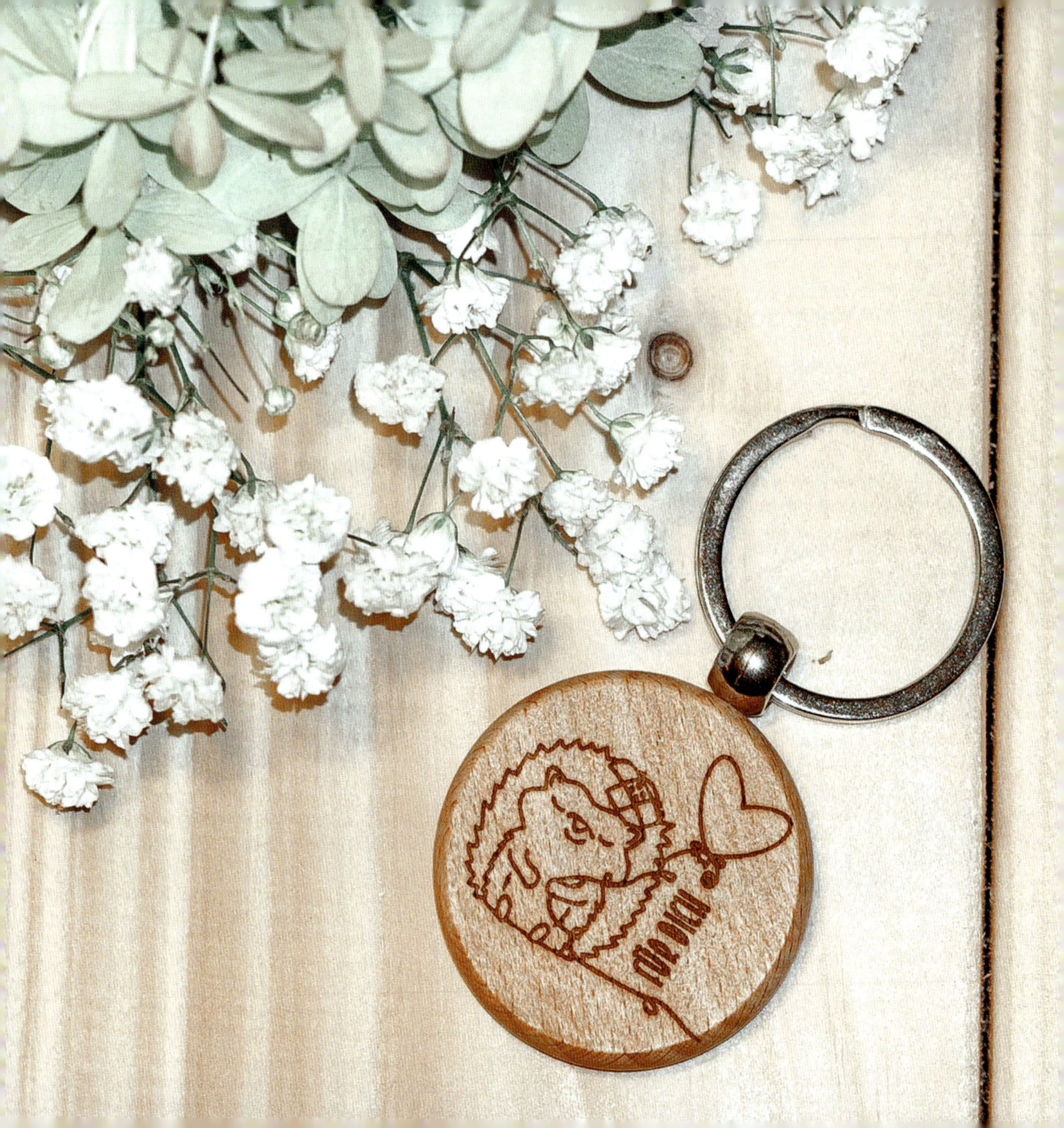
FUR DICH

Schlüsselanhänger »Andreas«

Material

Schlüsselanhänger aus Holz | Datei »Andreas.svg«

Positioniere deinen Schlüsselanhänger mittig unter dem roten Laserpunkt und schließe den Deckel. Wähle Laser flach und als Voreinstellung 3 mm Basswood Plywood.

Führe die Automatische Messung durch. Hat der Laser die Höhe erkannt? Dann öffne den Deckel des Lasers und positioniere den Schlüsselanhänger jetzt so weit wie möglich oben mittig im Laser.

Dort sitzt die Kamera des Lasers und die Positionierung deines Motivs gelingt dort am besten.

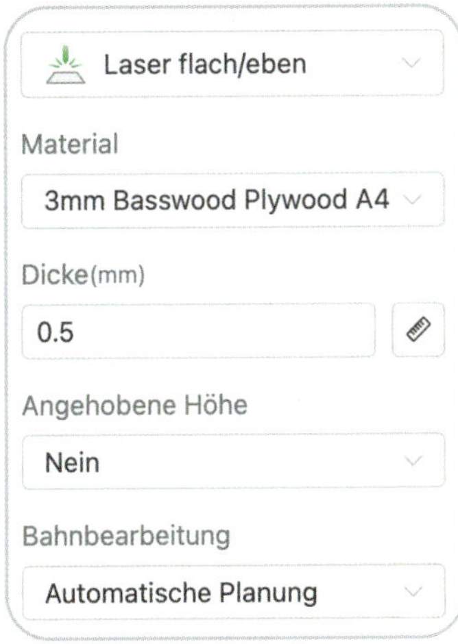

Starte XCS an deinem PC, verbinde deinen Laser und öffne die Datei ***»Andreas.svg«***. Positioniere das Motiv mittig auf dem Schlüsselanhänger.

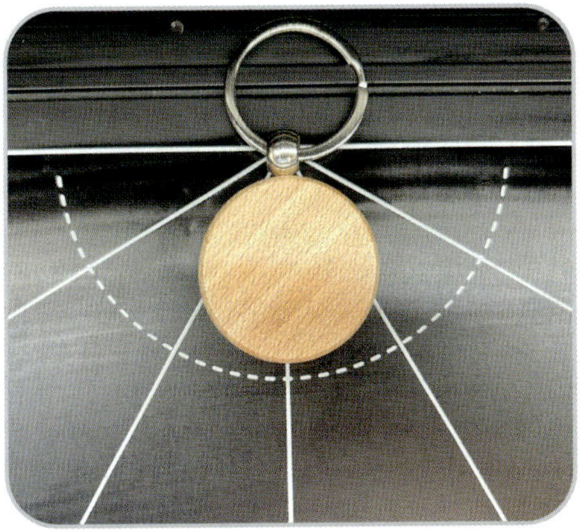

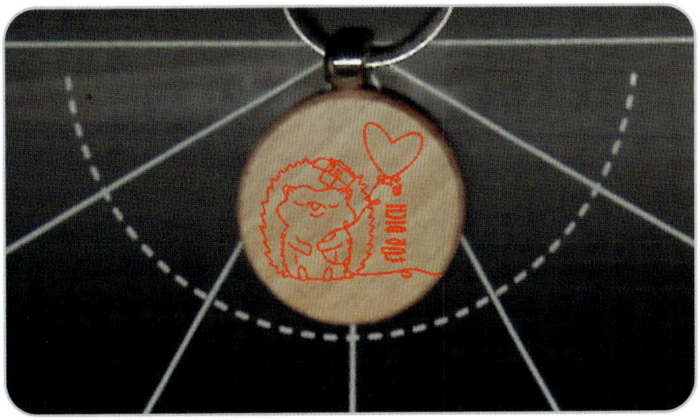

Überprüfe die Einstellungen und erhöhe unter Flächengravur die Leistung auf 90%.

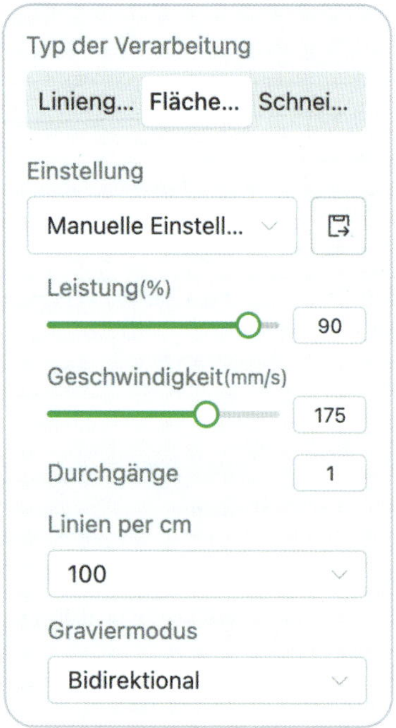

Klicke unten rechts auf Verarbeitung und starte anschließend die Rahmenfahrt. Wenn alles passt, starte den Laservorgang an deinem Gerät.

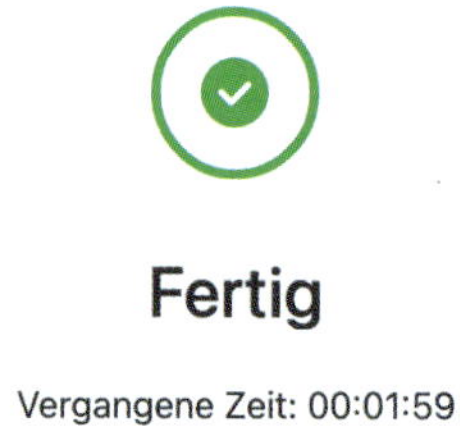

Denk daran, dass du natürlich hier (genauso wie bei allen anderen Projekten) den Namen, der auf dem Schlüsselanhänger eingraviert ist, vor dem Lasern in der Software ändern kannst!

Fertig ist dein Schlüsselanhänger!

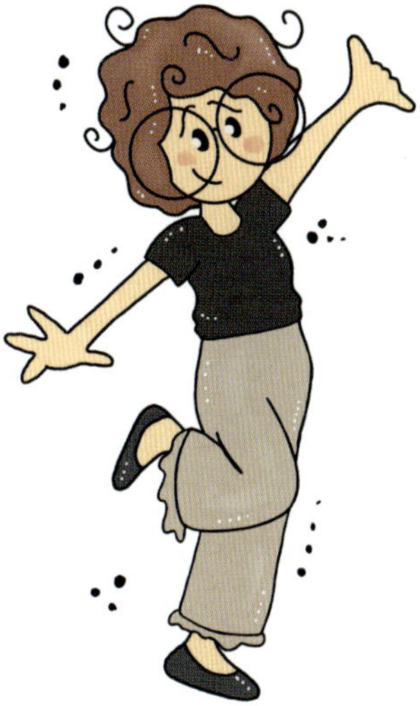

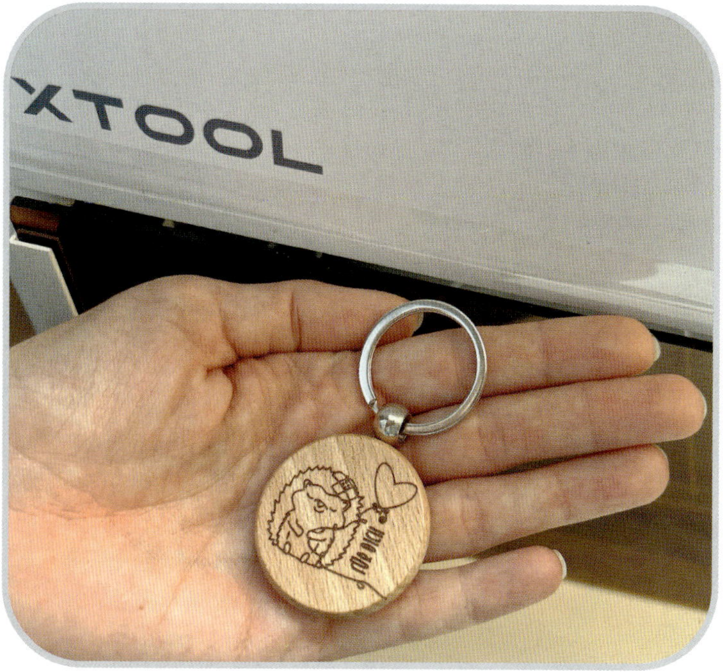

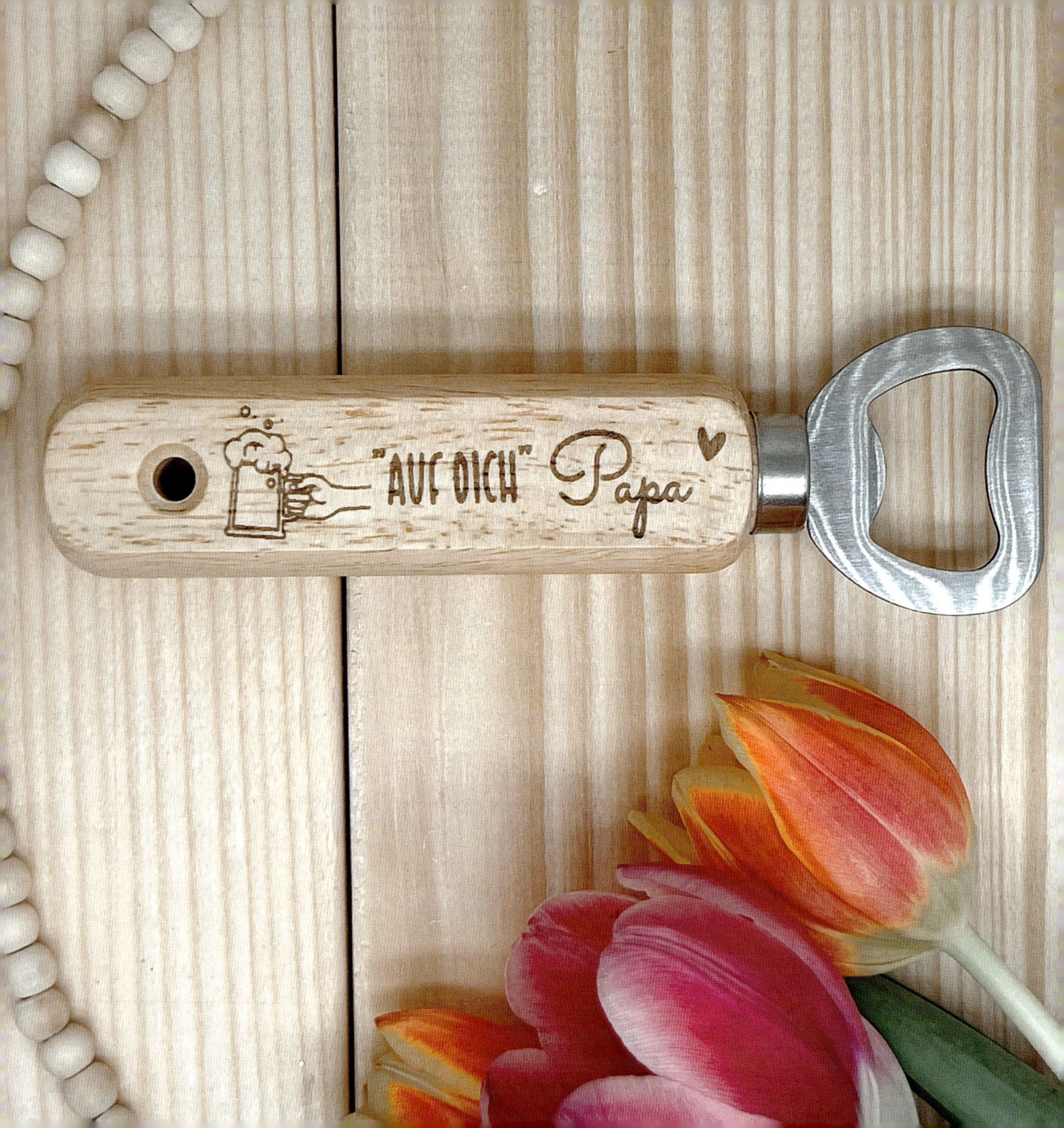
"AUF DICH" Papa

Flaschenöffner

Material

Flaschenöffner aus Holz | Datei »Auf-dich-Papa.svg« | Wabenplatte mit Erhöhung

Ermittle die richtige Höhe deines Flaschenöffners. Schiebe dazu die Wabenplatte auf die oberste Schiene und unterlege ggf. den Flaschenöffner zusätzlich mit Prismen. Verschiebe den Flaschenöffner nach dem Messen oben mittig im Laser und positioniere deine Datei ***»Auf-dich-Papa.svg«***.

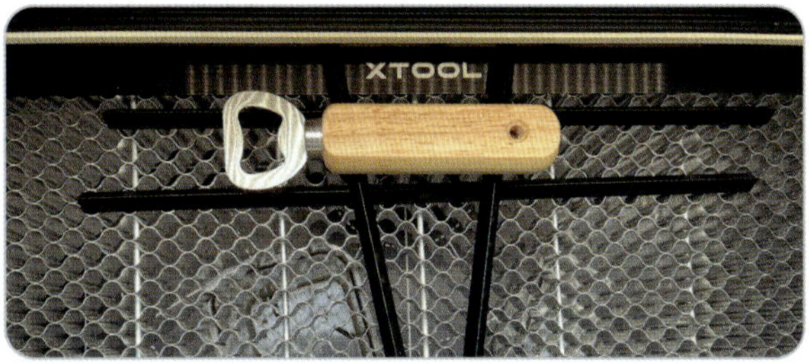

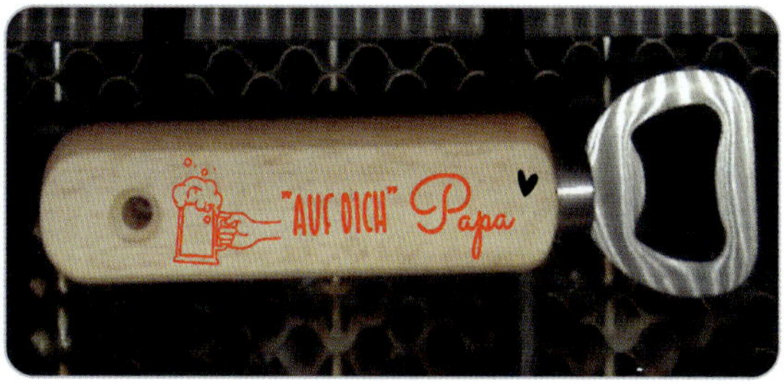

Wähle folgende Einstellungen im System und starte den Laservorgang.

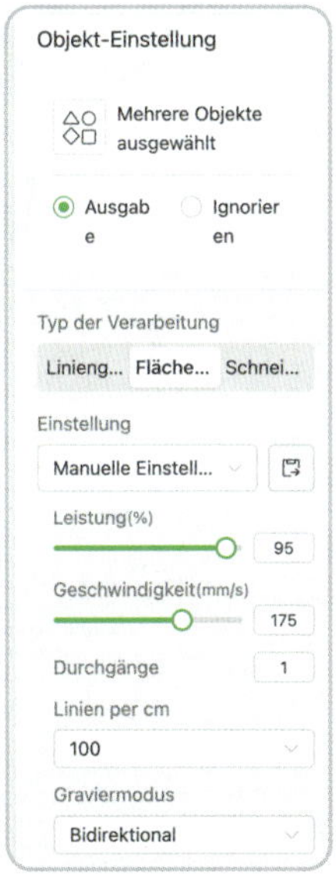

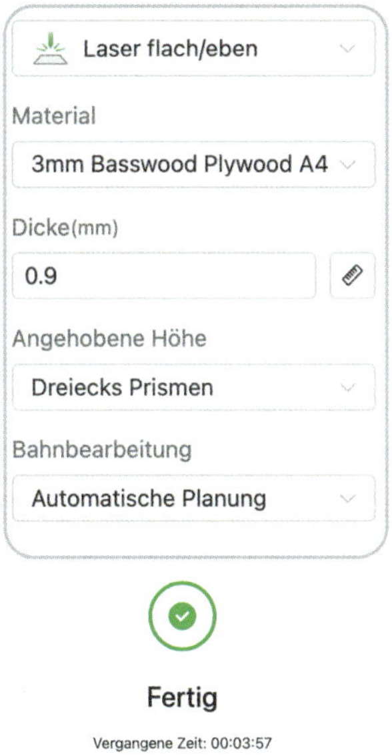

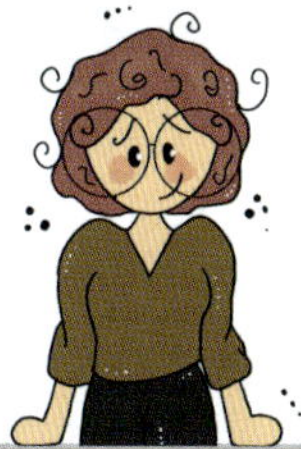

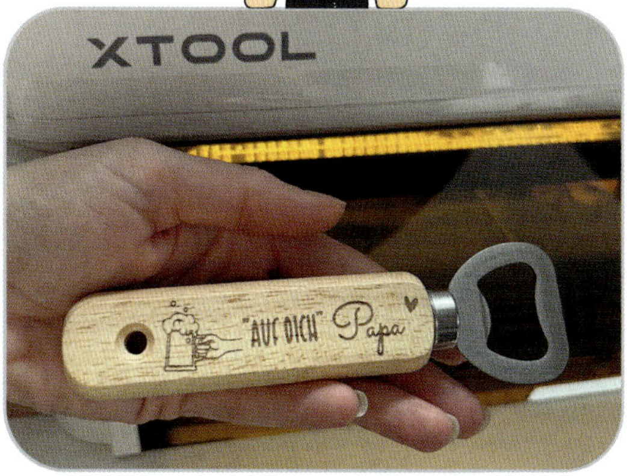

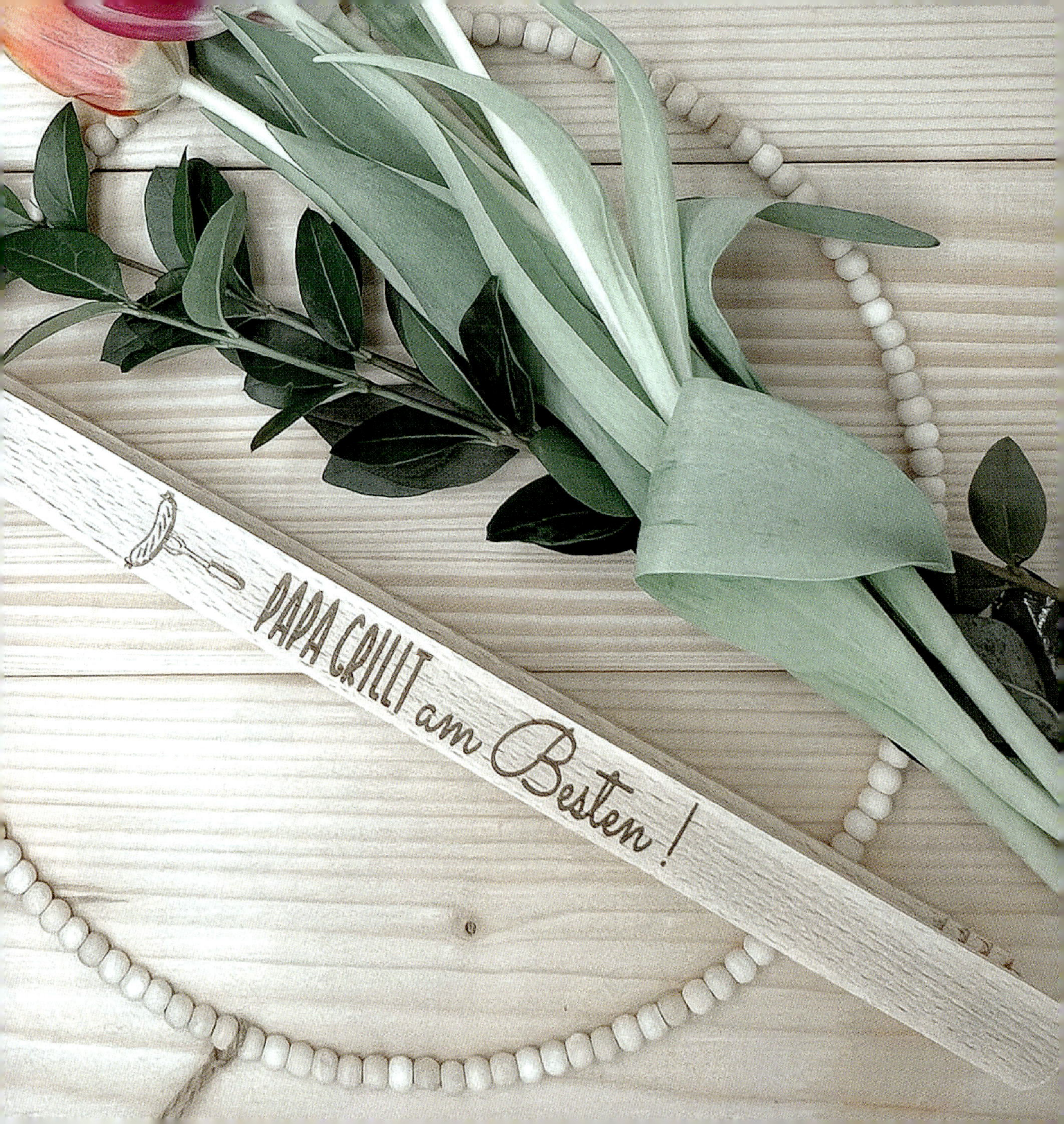
PAPA GRILLT am Besten!

Grillzange

Material

Grillzange aus Holz | Datei »Papa-grillt.svg« | Wabenplatte mit Erhöhung | Dreiecksprismen

Ermittle auch hier die richtige Höhe deiner Grillzange. Schiebe dazu die Wabenplatte auf die oberste Schiene und unterlege ggf. die Grillzange zusätzlich mit Prismen oder Holzklötzchen.

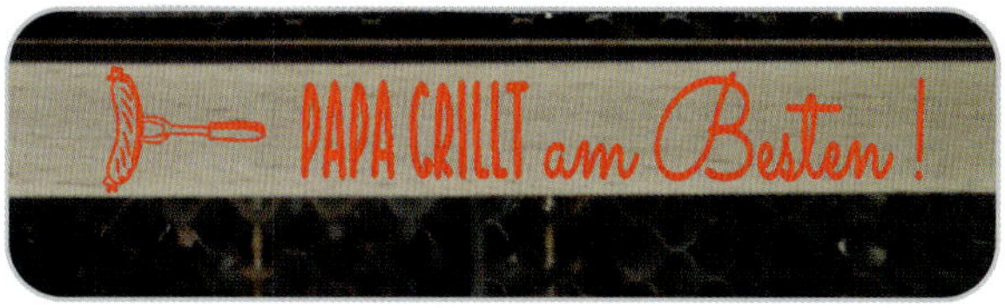

Nachdem das XCS-Programm die Höhe erfolgreich ermitteln konnte, verschiebe die Grillzange oben mittig im Laser und positioniere deine Datei ***»Papa grillt.svg«***.

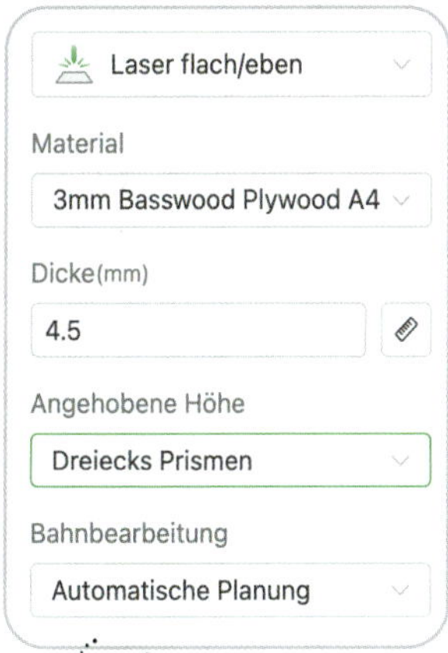

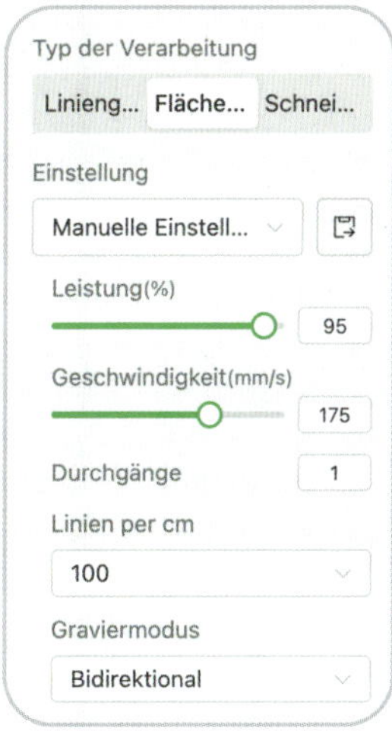

Klicke nun zur Sicherheit auf Rahmenfahrt starten und überprüfe, ob die Platzierung deines Motivs passt. Ggf. kannst du sie nun noch etwas korrigieren. Starte dann den Laservorgang.

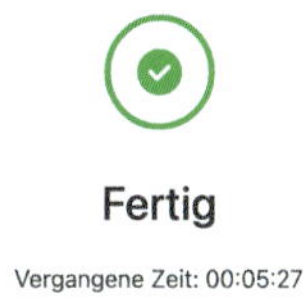

Verschließe das Ende der Grillzange mit einem Gummiband, damit die Oberfläche im Laser relativ in Waage ist und das Gravur-Ergebnis schöner wird.

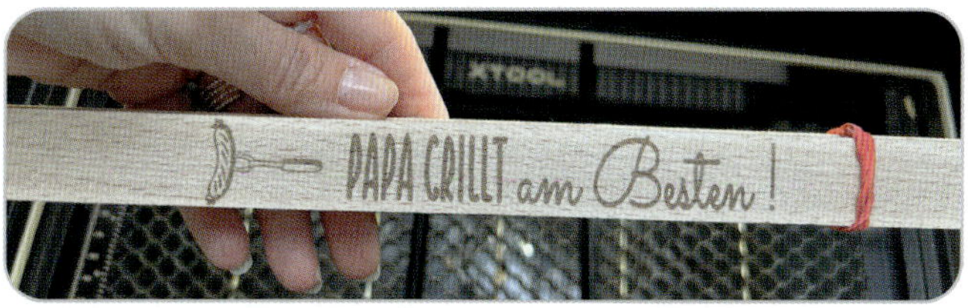

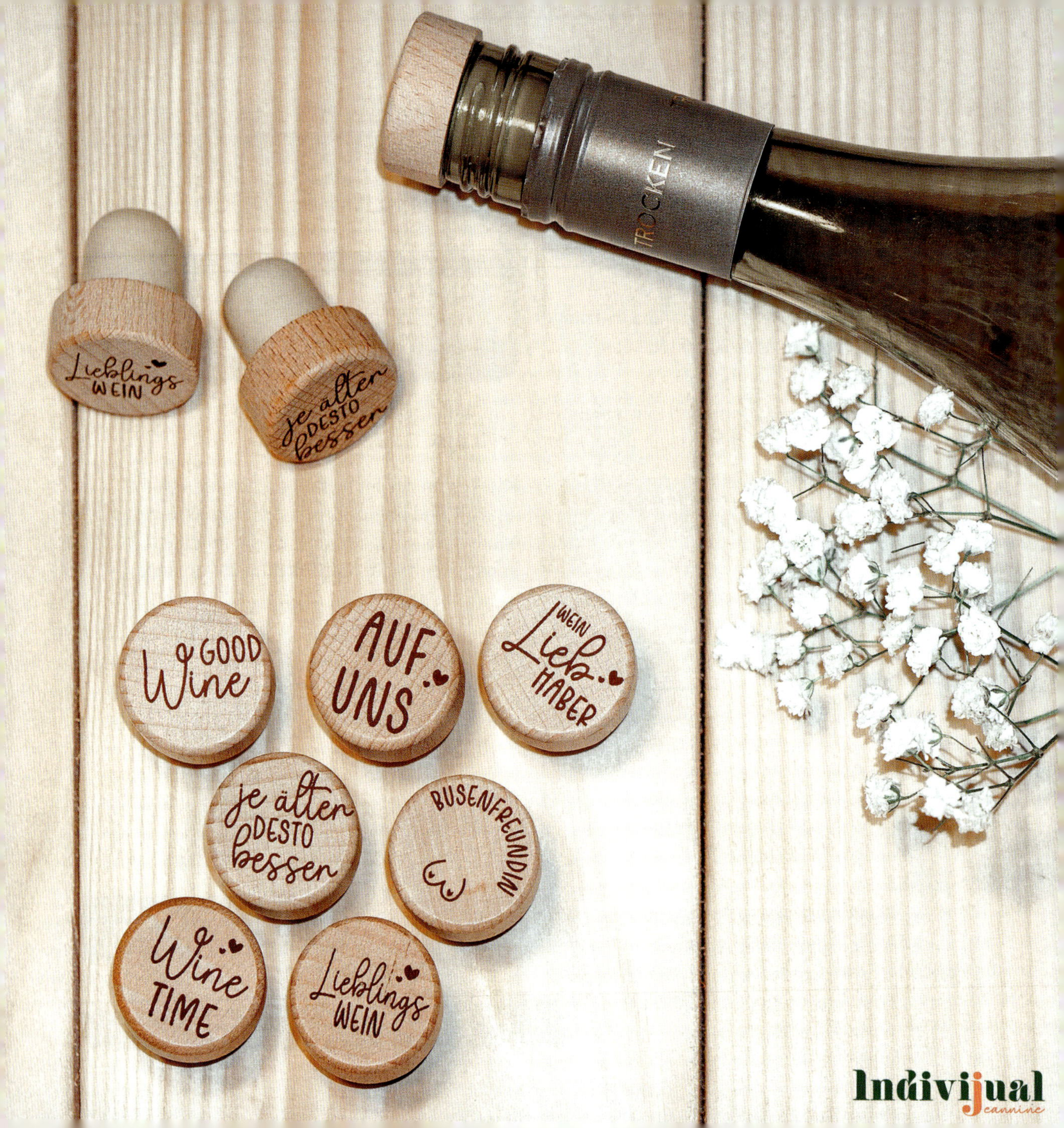
TROCKEN
Lieblings WEIN
je älter DESTO besser
GOOD Wine
AUF UNS
WEIN Lieb HABER
je älter DESTO besser
BUSENFREUNDIN
Wine TIME
Lieblings WEIN
Indivijual

Weinkorken mit Sprüchen

Material

Weinkorken aus Holz | Datei »Weinkorken.svg« | Wabenplatte mit Erhöhung | Evtl. Holzklötzchen zum Unterlegen

Platziere einen Weinkorken mithilfe der Klötzchen unter dem roten Laserpunkt und führe anschließend die Messung durch.

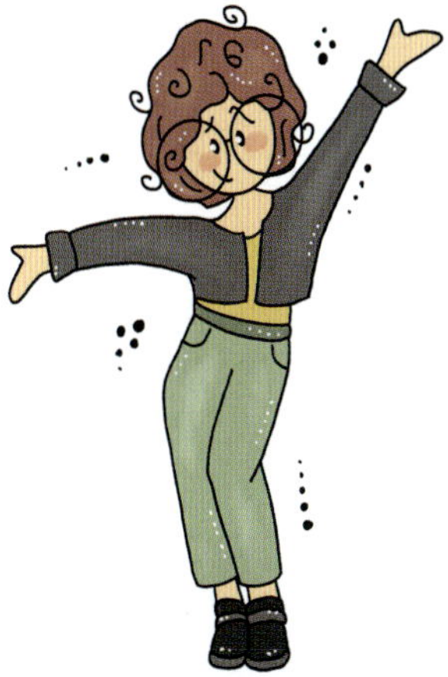

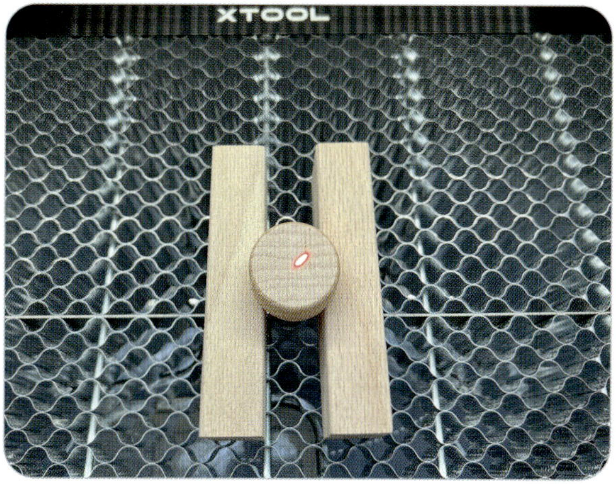

Auf diese Weise kannst du auch direkt mehrere Weinkorken am oberen Rand des Lasers platzieren.

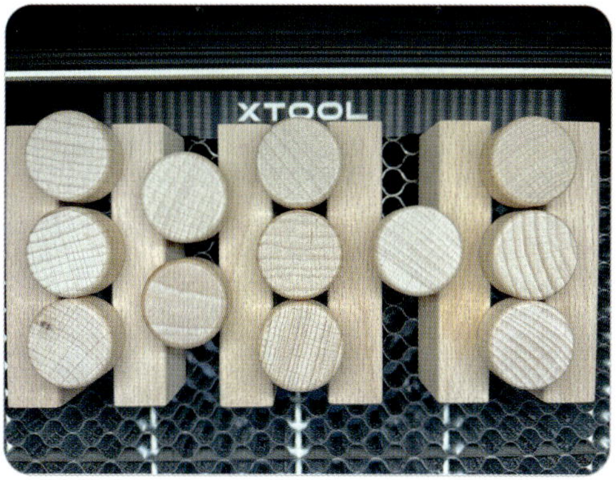

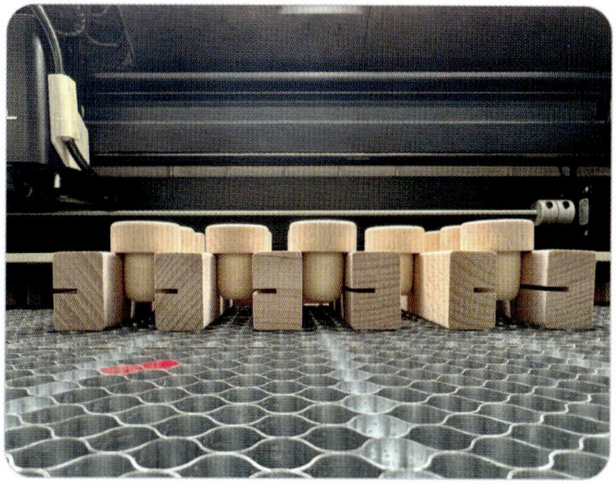

Starte nun XCS und öffne die Datei ***»Weinkorken.svg«***. Markiere die einzelnen Sprüche und verschiebe sie mit der Maus auf die Oberfläche der Korken. Du kannst natürlich auch eigene Sprüche mithilfe der Textfunktion entwerfen.

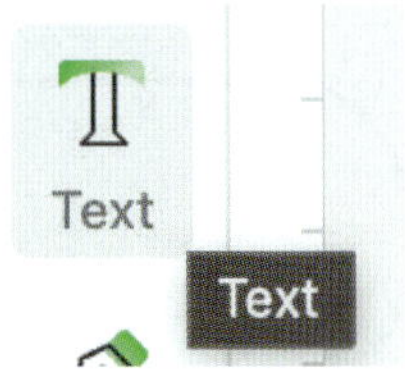

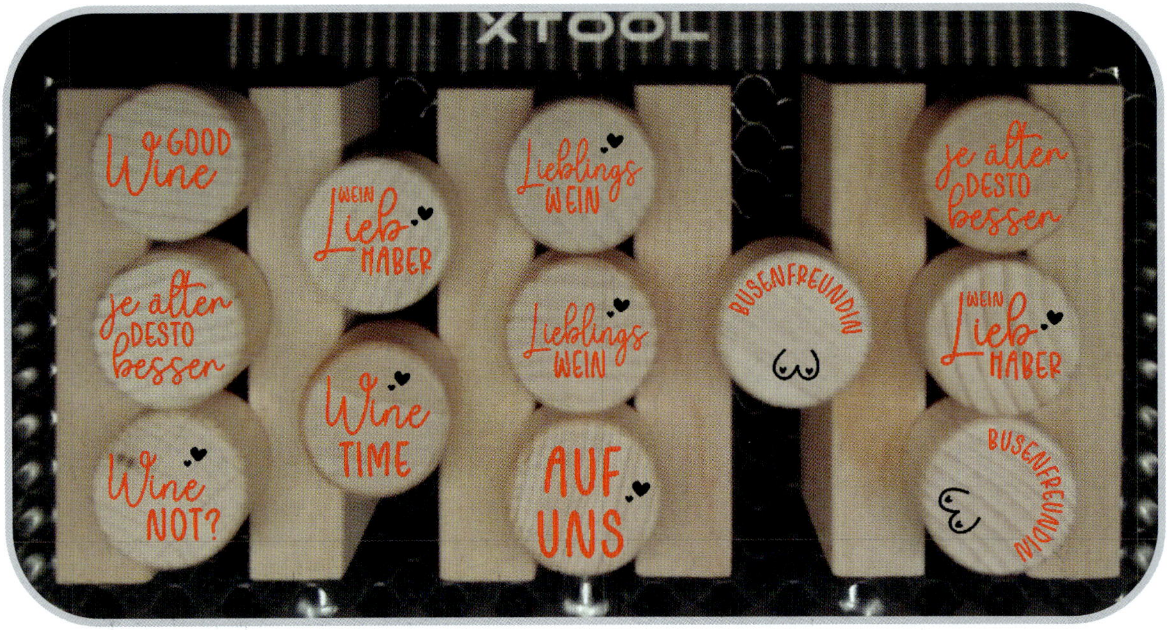

Wähle folgende Einstellungen und starte anschließend den Laservorgang.

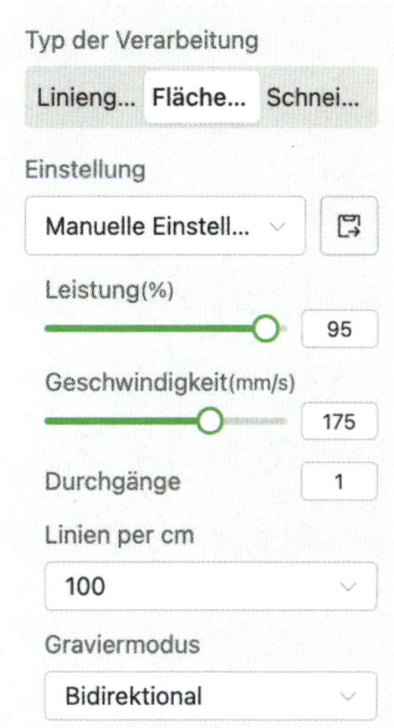

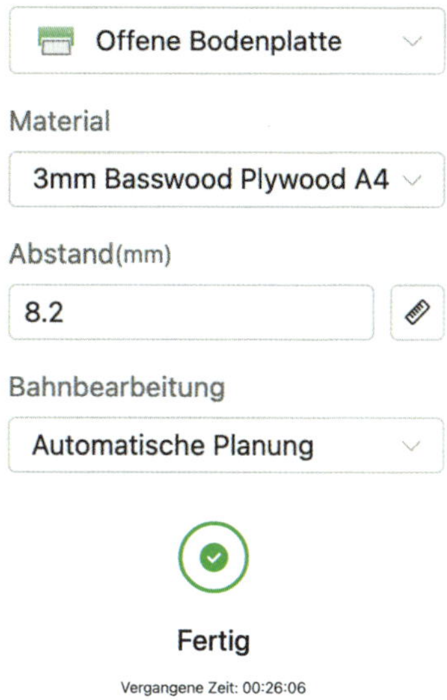

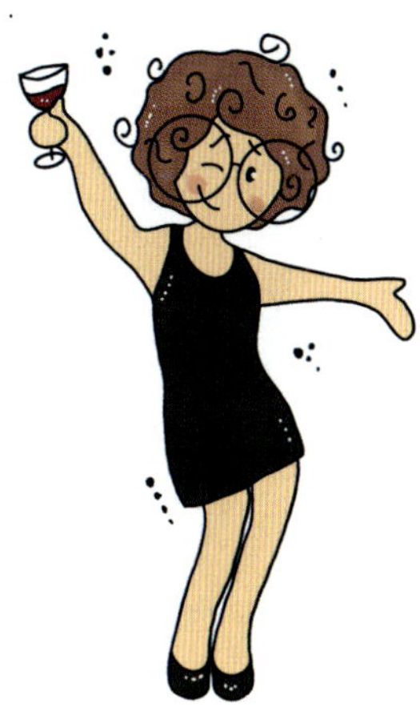

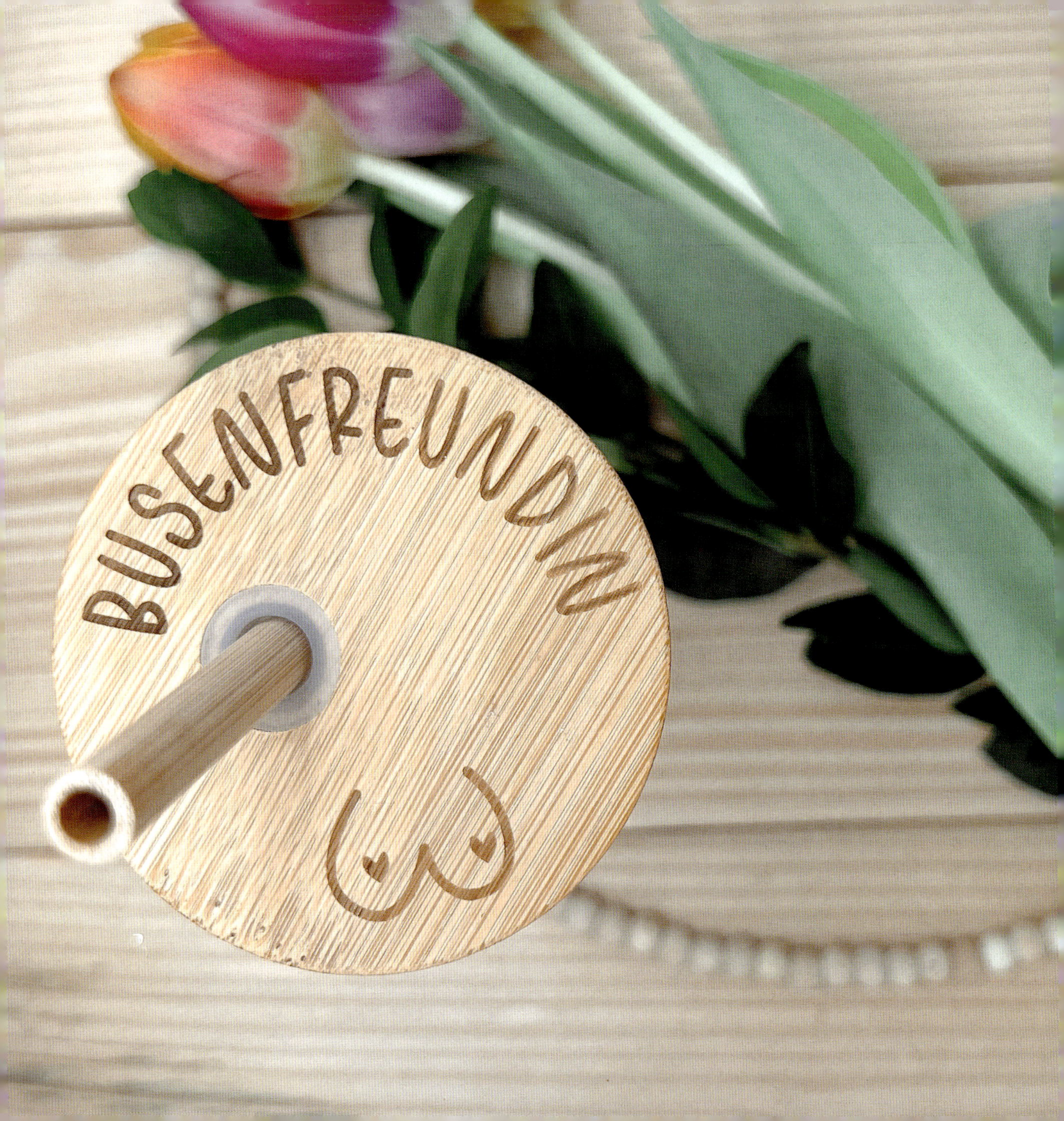
BUSENFREUNDIN

Holzdeckel Busenfreundin

Material

Glas mit Holzdeckel | Datei »Busenfreundin-Deckel.svg« | Holzklötzchen zum Unterlegen

Platziere deinen Holzdeckel mithilfe der Klötzchen wie abgebildet unter dem Laserpunkt, ermittle die richtige Höhe und versetze anschließend den Holzdeckel wieder nach oben mittig im Laser.

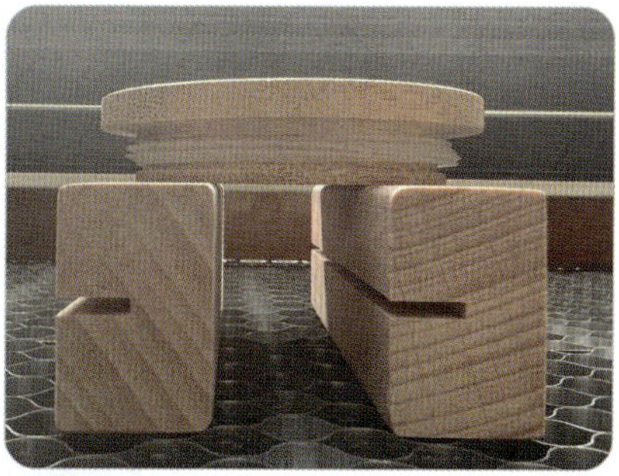

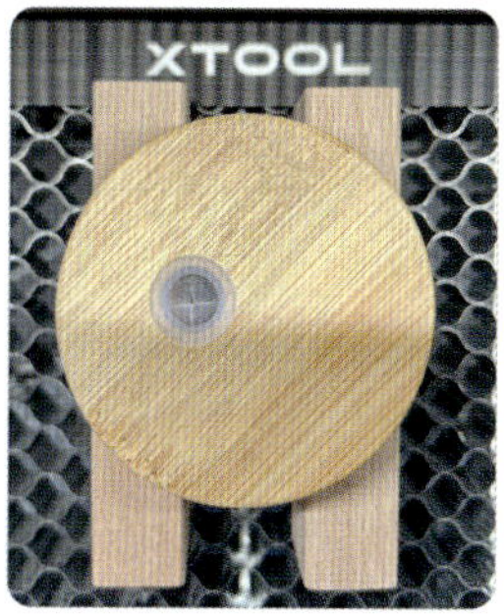

Öffne die Datei ***»Busenfreundin-Deckel.svg«*** in deinem XCS-Programm und platziere das Motiv auf dem Deckel. Wähle folgende Einstellungen und starte das Laserprogramm.

Im Abschnitt »Plotten mit dem xTool M1« werden wir das Glas dann später noch aufhübschen.

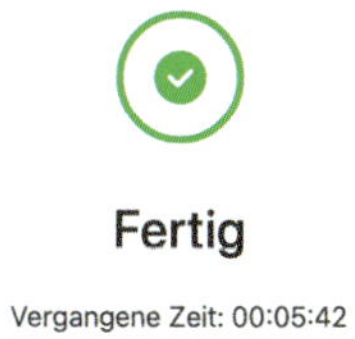

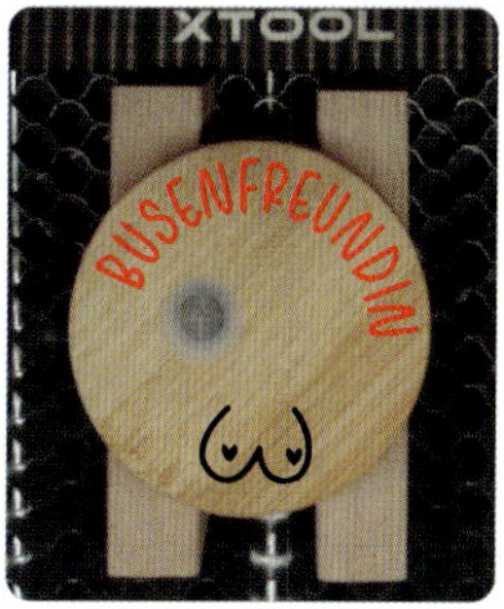

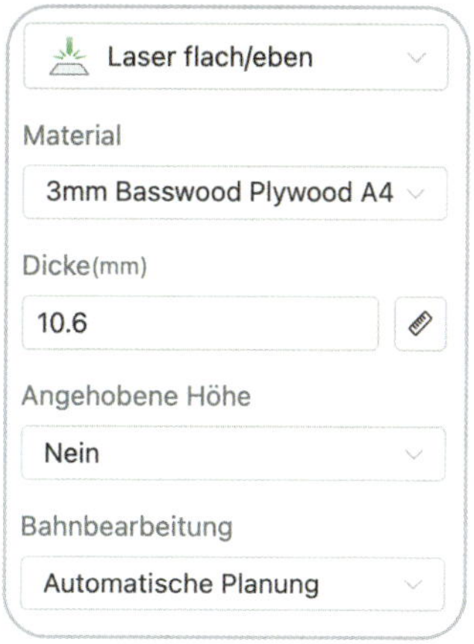

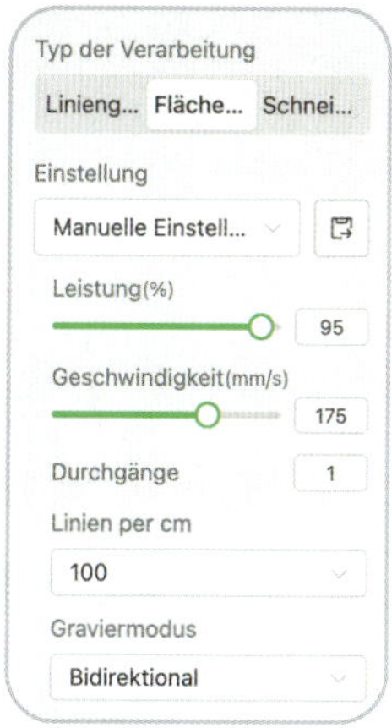

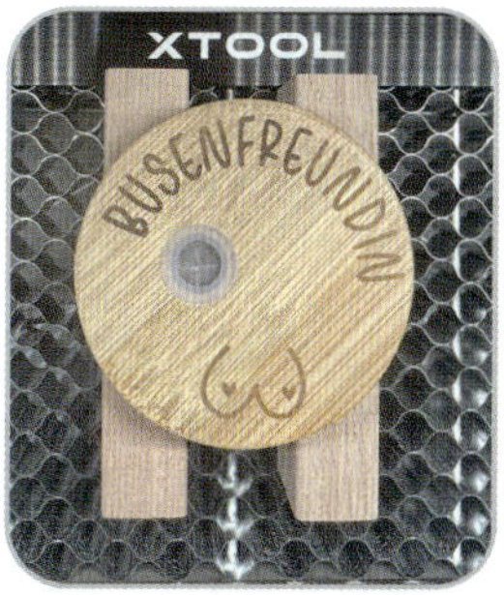

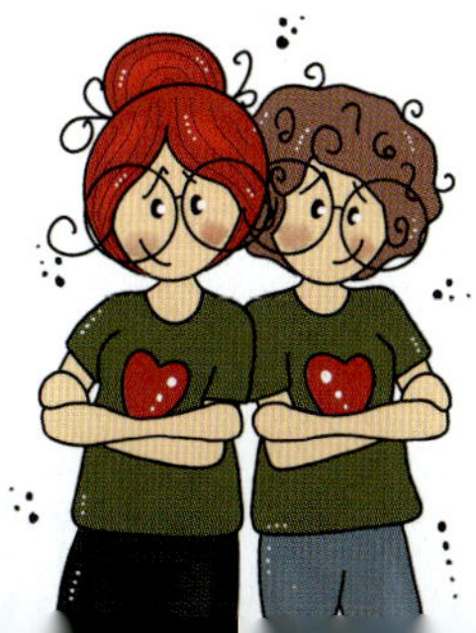

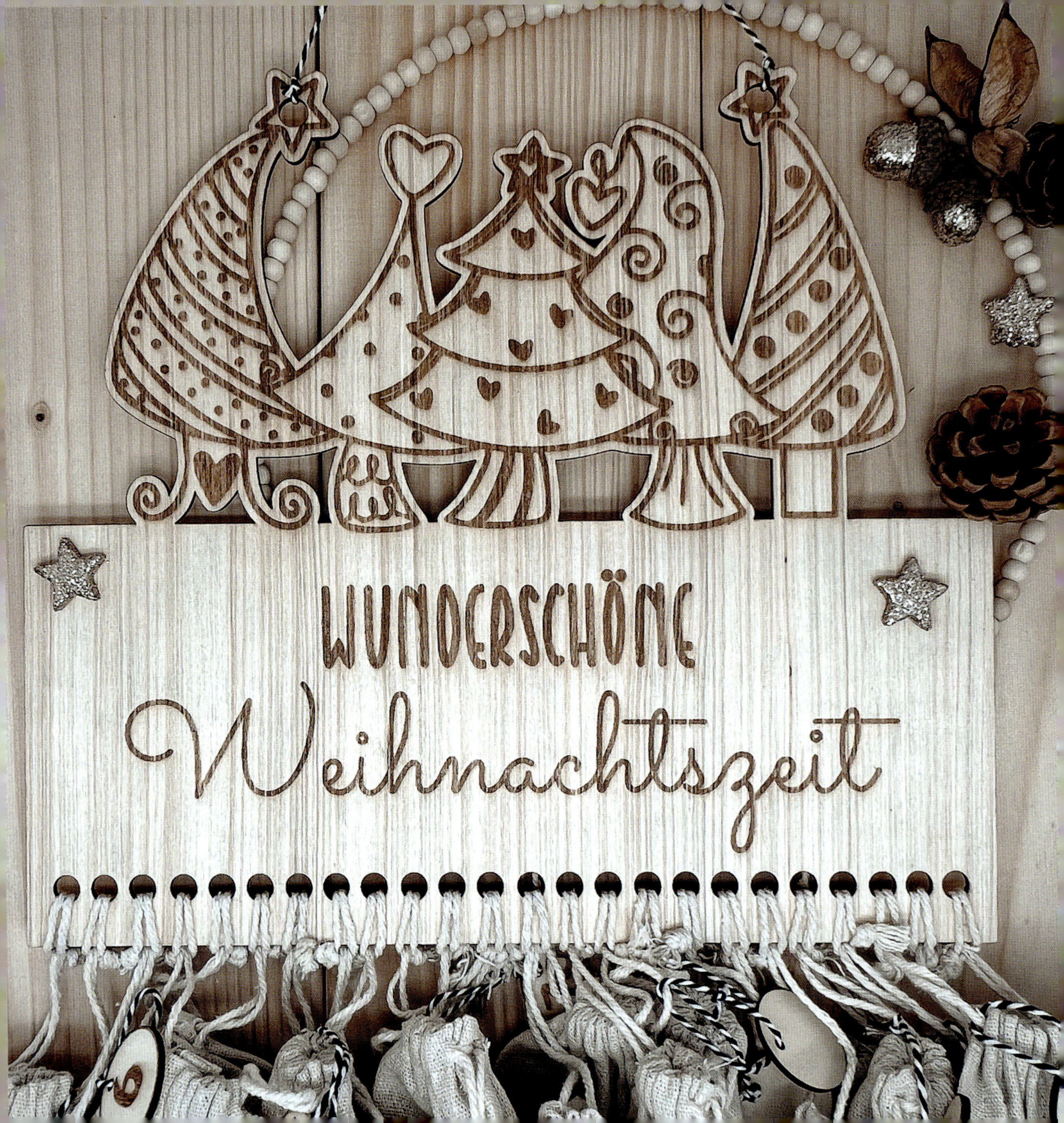
WUNDERSCHÖNE
Weihnachtszeit

Adventskalender

Material

4 mm Holzplatte (Din A3) | Datei »Adventskalender.svg« & »Schriftzug.svg«

Platziere das Holz im Laser – entweder auf der Wabenplatte oder unterlege es mithilfe der Prismen. Markiere dann das Motiv (Bäume), bis sie türkis aufleuchten, und wähle rechts im Programm die Flächengravur mit den angebebenen Parametern aus. Klicke jetzt auf die Umrandung des Kalenders, die geschnitten werden muss (auch die 24 kleinen Kreise leuchten auf), und wähle rechts im XCS Schneiden aus. Lade die Datei im XCS und wähle folgende Einstellungen.

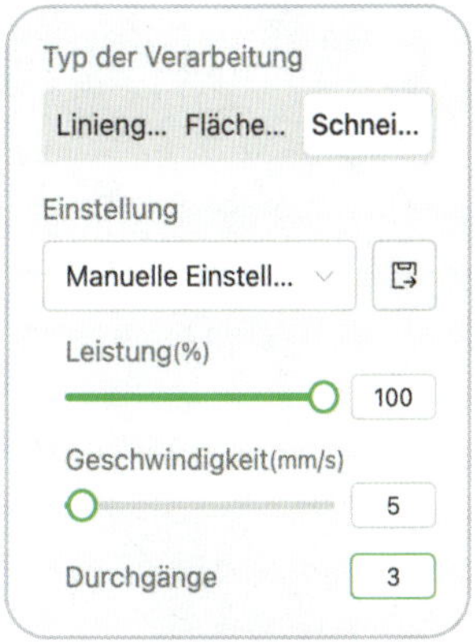

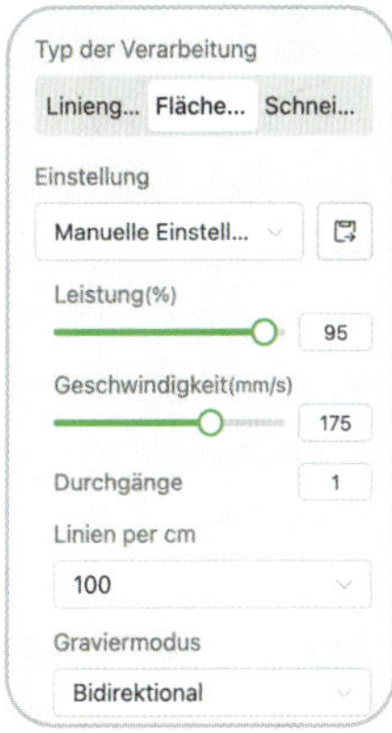

Nun klickst du oben links auf Bild und lädst den Text ***»Schriftzug.svg«*** zusätzlich ins Programm. Platziere es und markiere die Schrift ebenfalls als Flächengravur.

Du hast natürlich auch die Möglichkeit, einen eigenen Text an dieser Stelle einzufügen. Klicke dazu links im XCS auf das Textfeld und passe anschließend Größe und Schriftart an. Markiere die Schrift und definiere sie als Flächengravur!

Starte dann den Laservorgang.

Da du dieses Mal dickeres Holz verwendest, empfehle ich dir, 2-3 Durchgänge beim Schneiden zu wählen, damit dein Holz auch wirklich durchgeschnitten wird. Du kannst es vorher mit einem Probeschnitt testen.

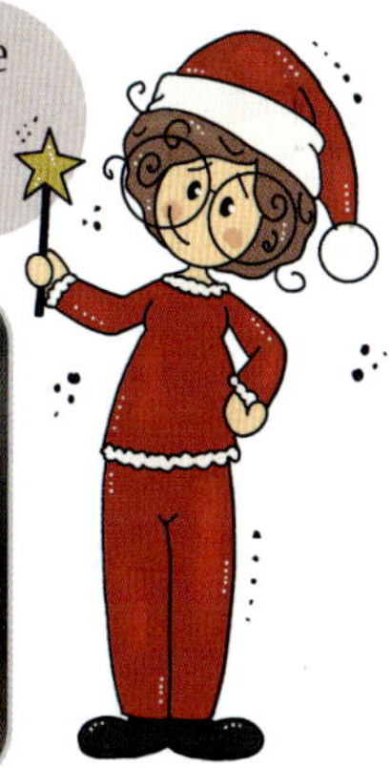

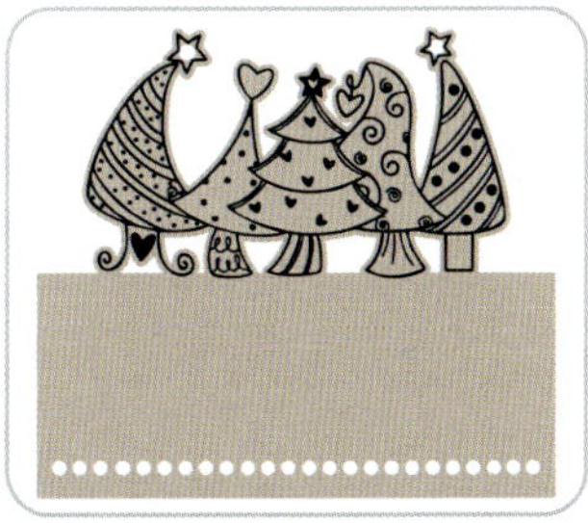

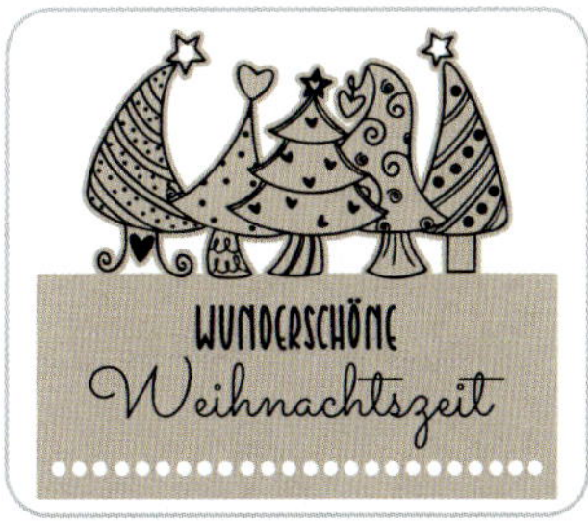

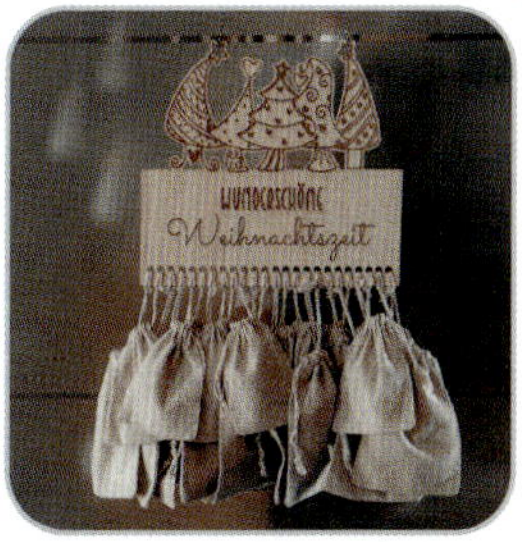

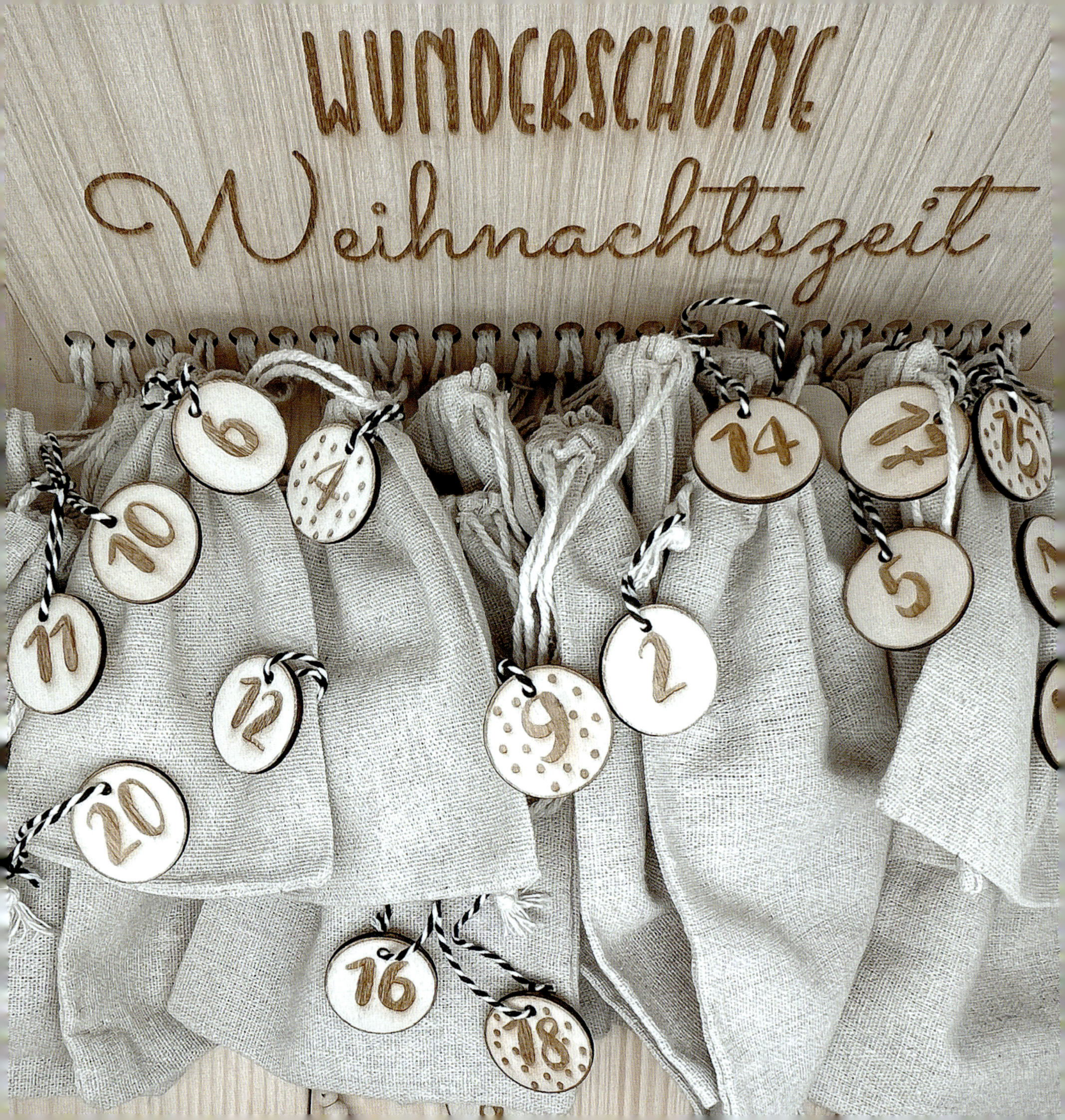
WUNDERSCHÖNE
Weihnachtszeit

ZAHLEN-ADVENTSKALENDER

MATERIAL

Holzplatte 3 oder 4mm dick (Din A3) | Datei »Zahlen.svg«

Wähle zunächst als Materialvoreinstellung BASSWOOD 3MM im XCS aus. Lege die Wabenplatte auf der höchsten Stufe deines Lasers ein und positioniere die Holzplatte in deinem Gerät unterhalb des roten Laserpunktes. Ermittle die Höhe deines Materials.

Positioniere die Datei ***»Zahlen.svg«***, markiere nun die Zahlen, bis sie türkis aufleuchten, und wähle dann FLÄCHENGRAVUR mit den angezeigten Parametern aus. Jetzt markierst du die Kreise der Zahlen, wählst SCHNEIDEN und stellst die angegeben Parameter ein. Anschließend markierst du deine Zahlen, die graviert werden und verschiebst sie rechts genau auf deine Offsets, die geschnitten werden.

Wenn du für die Zahlen dünneres Holz verwendest, mache vor dem Laservorgang einen Materialtest.

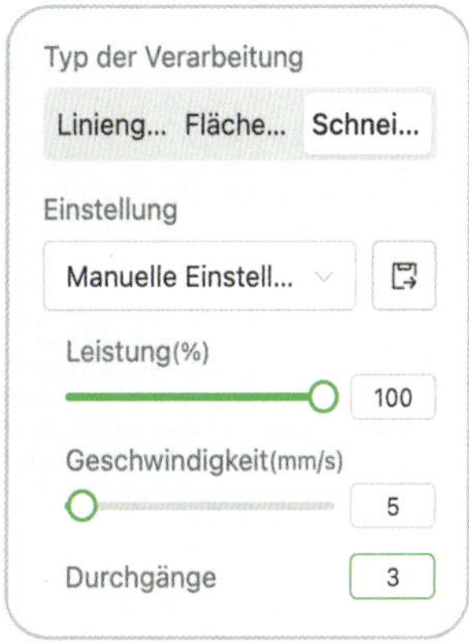

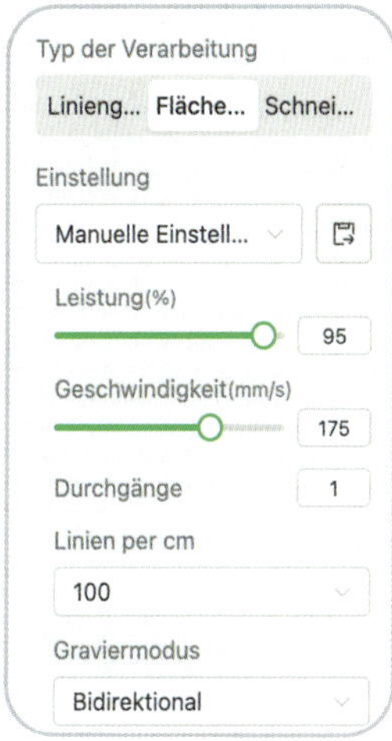

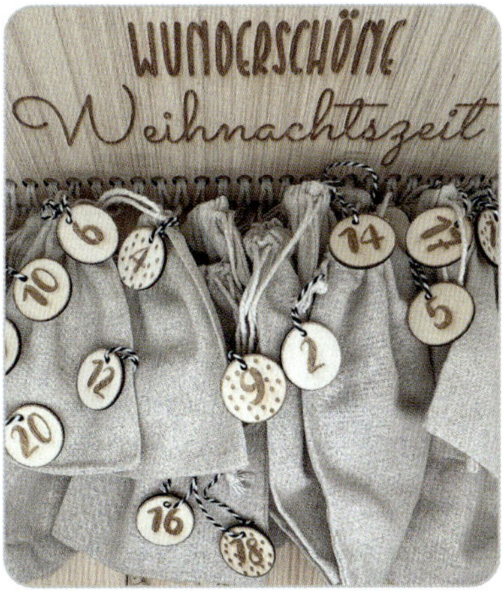

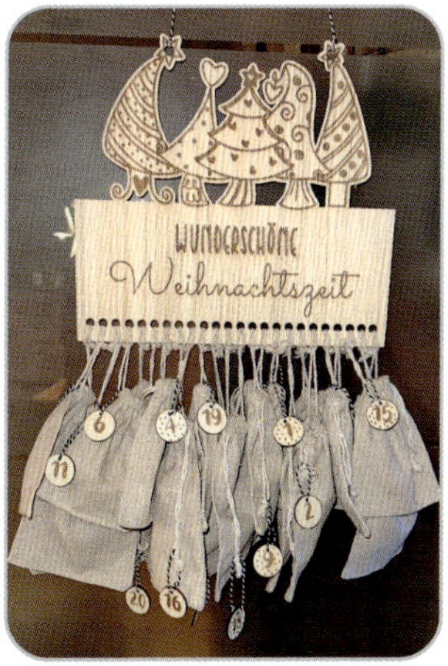

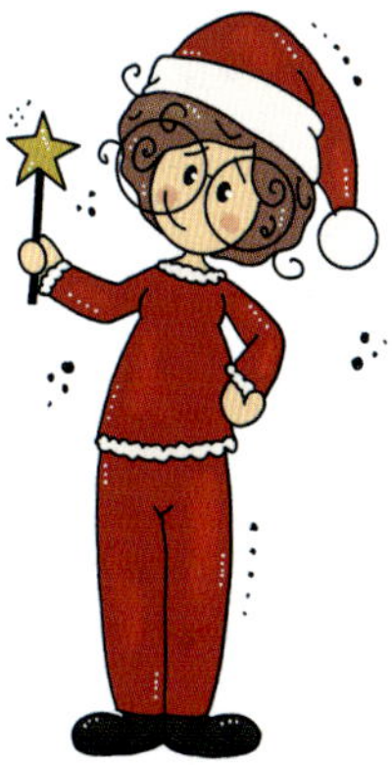

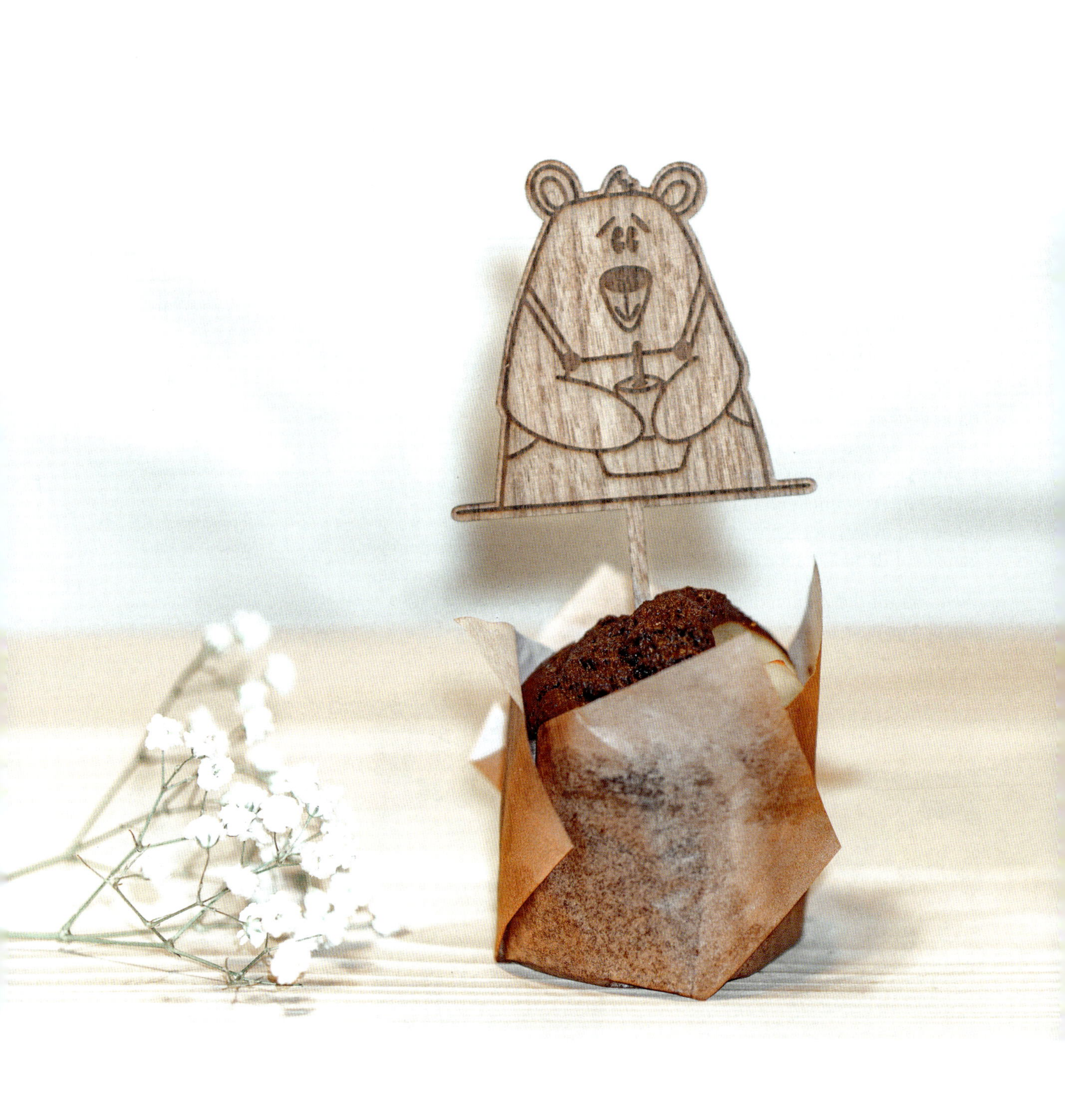

Caketopper »Bernd«

Material

Holz 4mm dick (Holzreste eigenen sich prima dafür) | Datei »Caketopper-Bernd.svg«

Lade die Datei ***»Caketopper-Bernd.svg«*** in XCS und platziere sie auf dem Holz.

Wenn du magst, kannst du sie natürlich direkt 2x schneiden lassen, um Holz zu sparen.

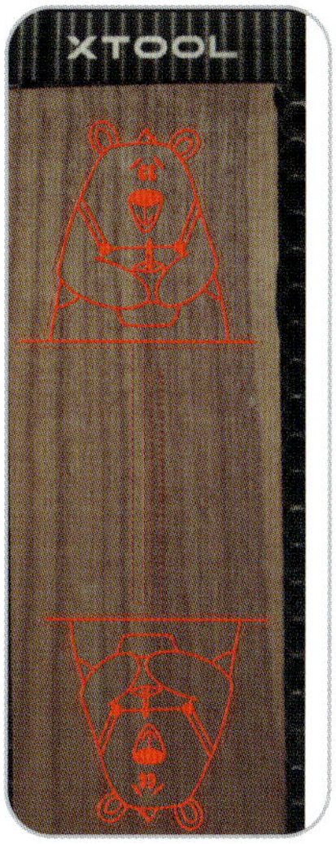

Der Teddy Bernd muss in diesem Fall wieder als Flächengravur gekennzeichnet werden. Fahre mit der Maus über das Muster, bis es türkis leuchtet, und wähle anschließend Flächengravur im System aus.

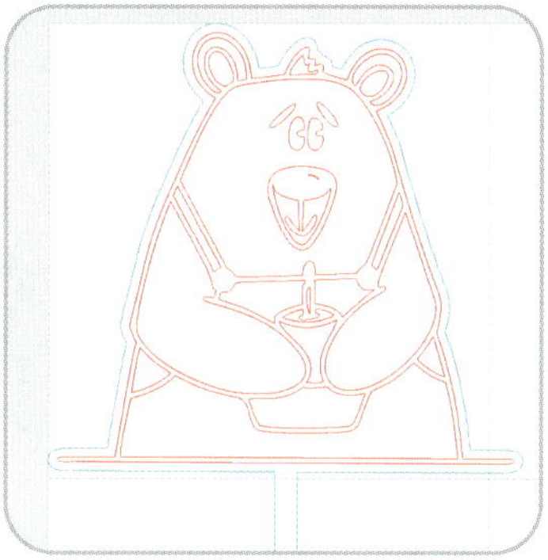

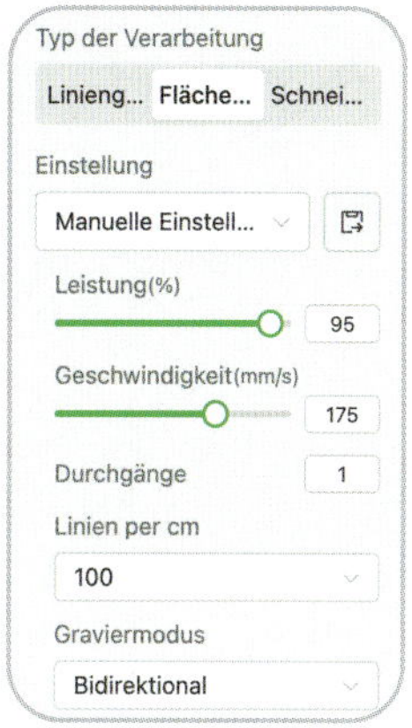

Danach wählst du die äußere Umrandung des Caketoppers und markierst das als Schneidedatei. Achte je nach Holzdicke darauf, wie viele Durchgänge du zum Schneiden auswählst. Mache ggf. vorher wieder einen Testschnitt. Du kannst deine Platzierung mit der Rahmenfahrt überprüfen und anschließend den Laservorgang starten.

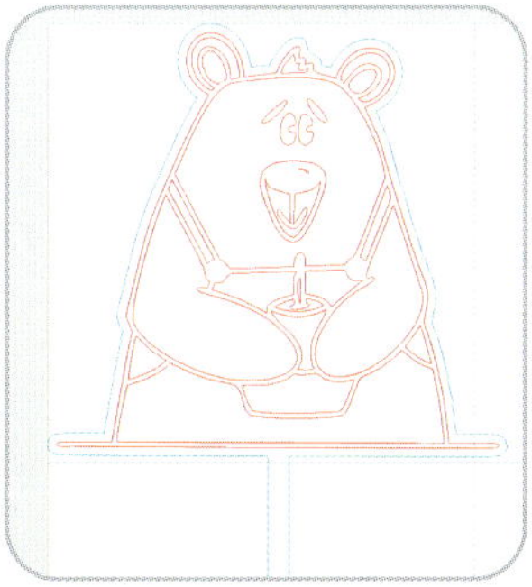

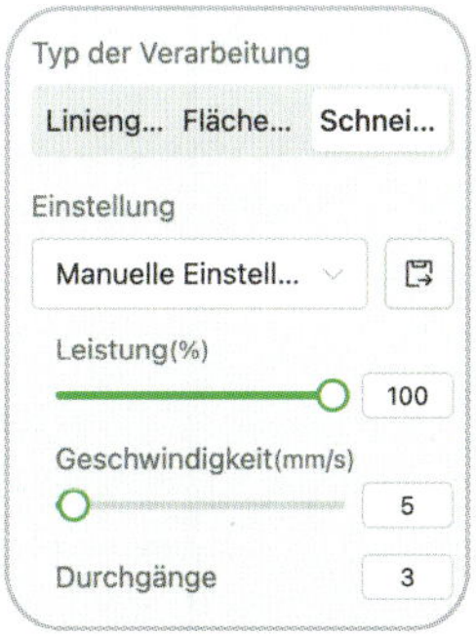

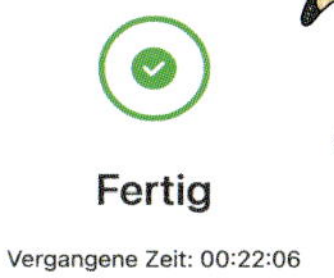

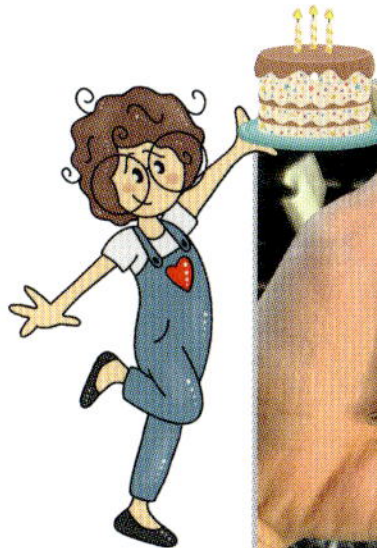

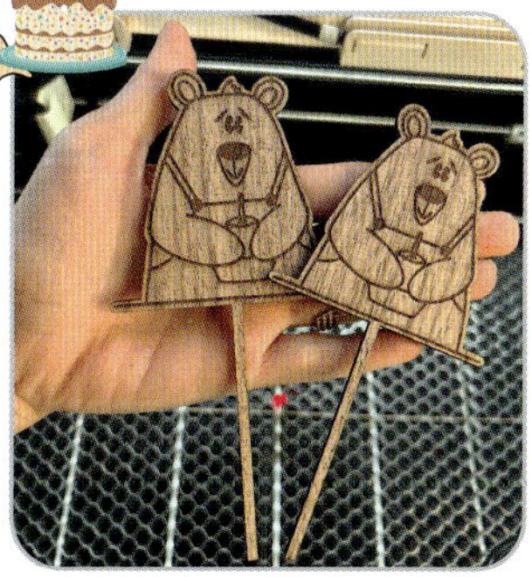

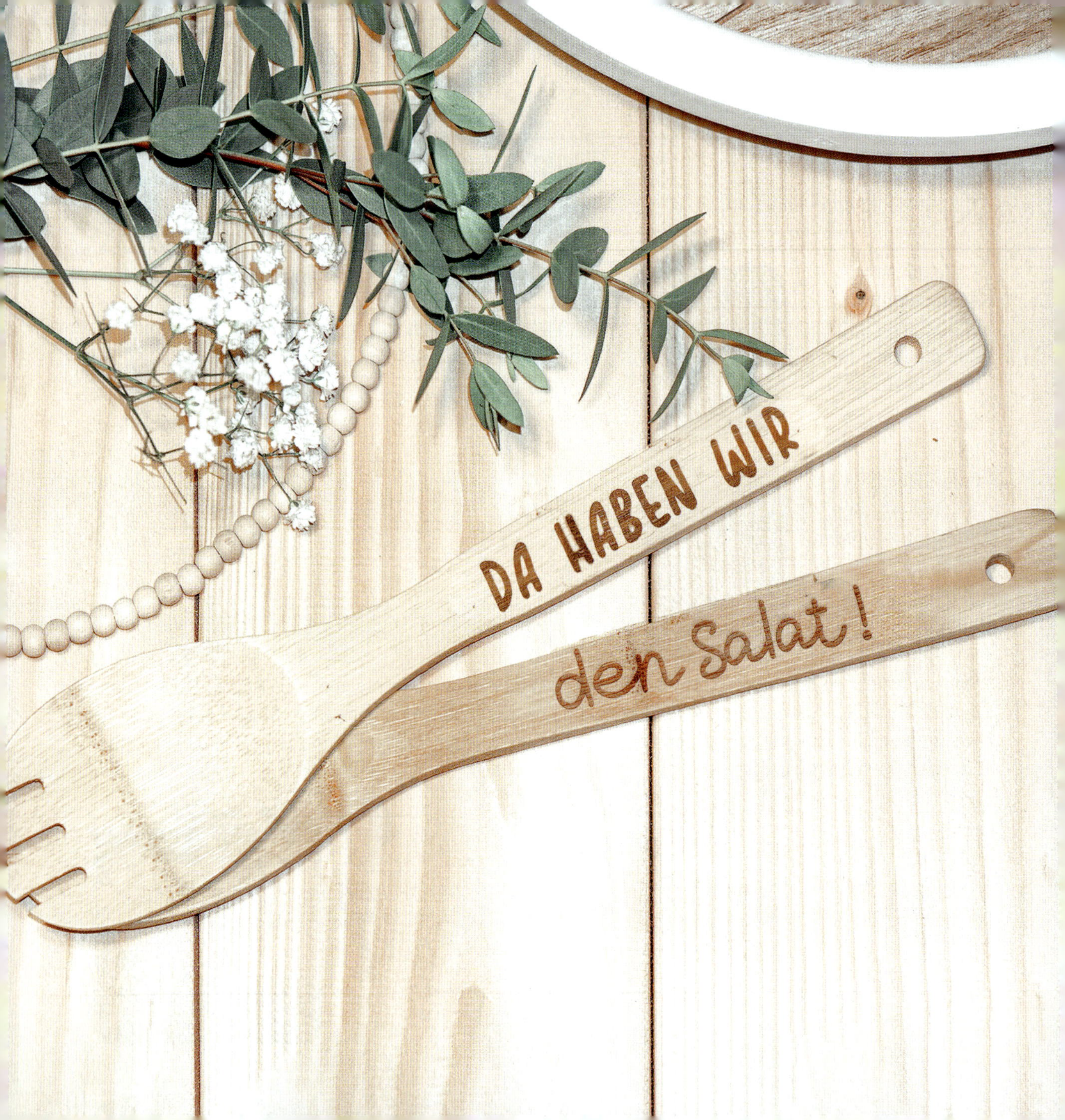
DA HABEN WIR
den Salat!

Salatbesteck

Material

Salatbesteck aus Holz | Datei »Salat.svg« | Wabenplatte

Lege die Wabenplatte auf die oberste Schiene deines Lasers. Platziere das Salatbesteck unterhalb des roten Laserpunktes und lasse die Höhe durch das System ausmessen. Verschiebe anschließend das Salatbesteck so weit wie möglich nach oben mittig im Laserraum.

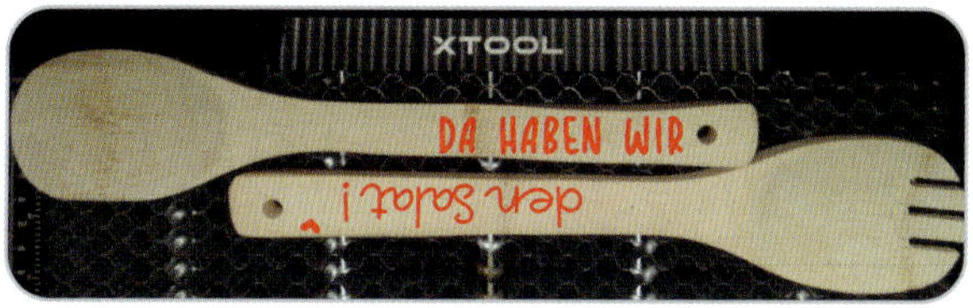

Platziere die Schriftzüge und wähle folgende Einstellungen:

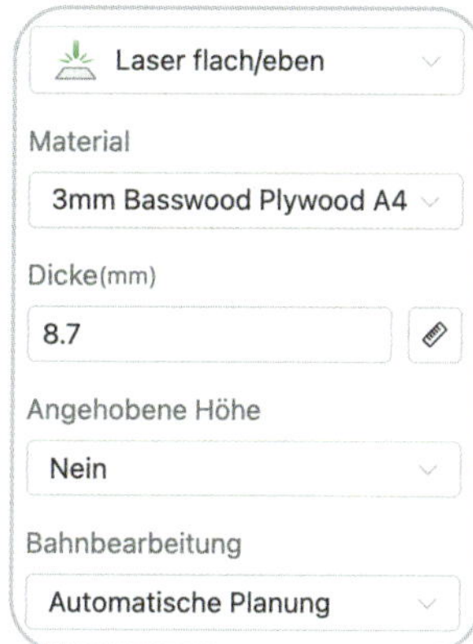

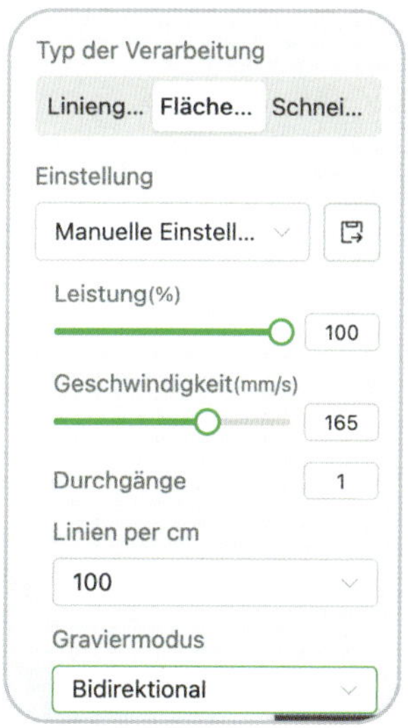

Als Verarbeitungstyp wählst du Flächengravur und als Material 3 mm Basswood Plywood.

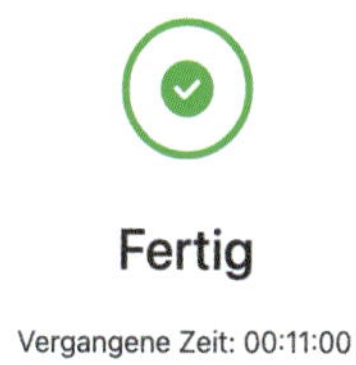

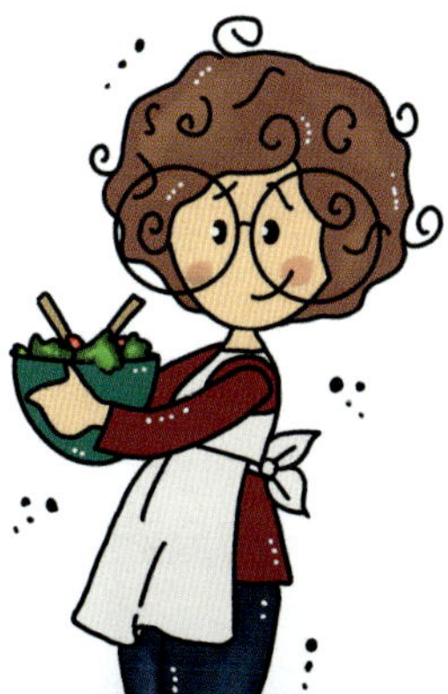

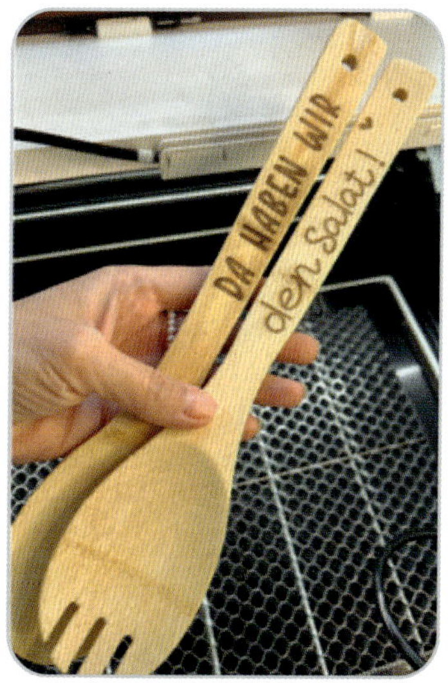

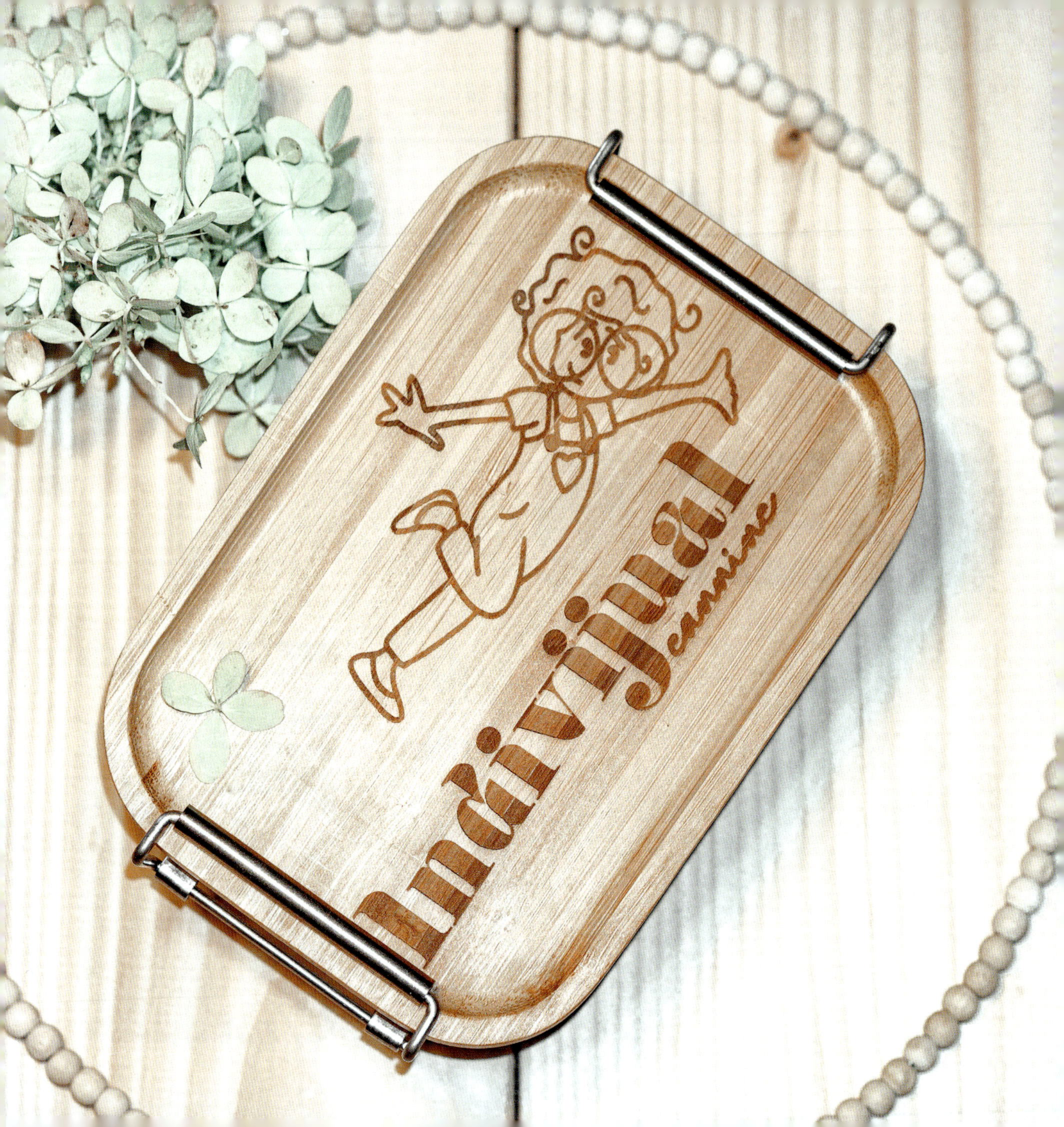

Brotdose

Material

Brotdose mit Holzdeckel | Motiv deiner Wahl | Wabenplatte

Lege deine Wabenplatte wieder auf die höchste Stufe in deinem Laser ein und platziere deinen Holzdeckel unterhalb des Laserpunktes. Ermittle die Höhe mithilfe von XCS und öffne dann ein Motiv deiner Wahl. Platziere es nun auf deinem Deckel.

Nun markierst du im XCS, ob dein Motiv als Flächengravur oder Liniengravur gearbeitet werden soll, und verwendest die angegebenen Parameter. Je nach Holz kann das Ergebnis unterschiedlich sein, deshalb empfiehlt sich auch hier ein Materialtest. Starte die Rahmenfahrt, um zu kontrollieren, ob dein Motiv gut platziert ist. Anschließend startest du den Laservorgang.

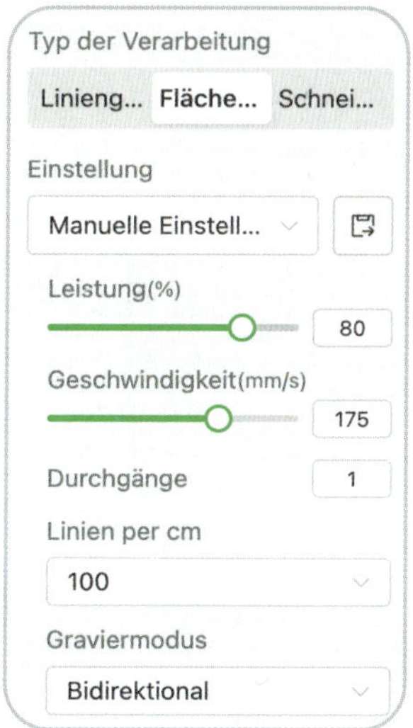

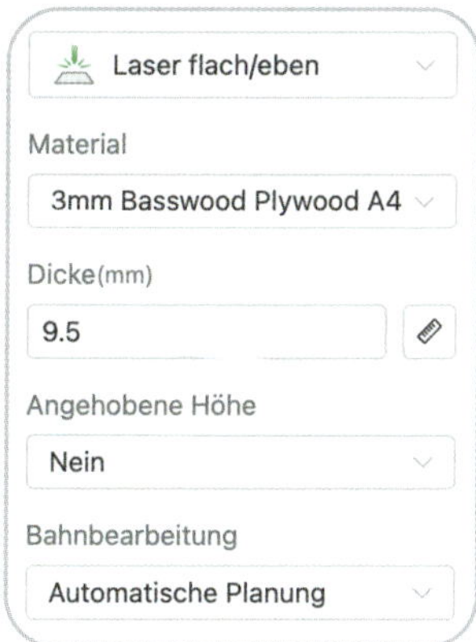

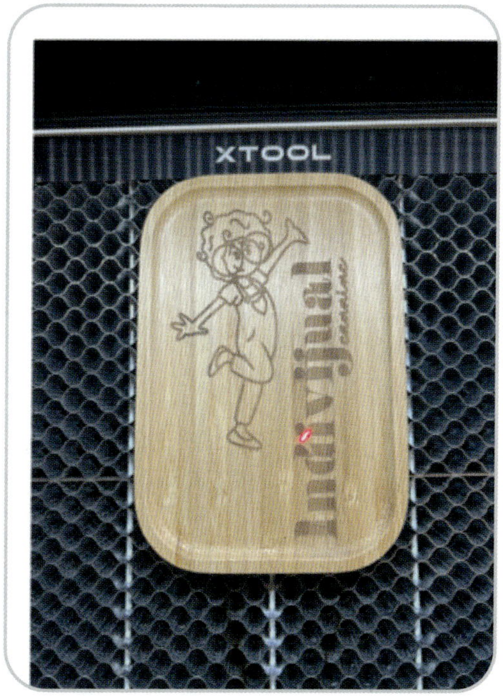

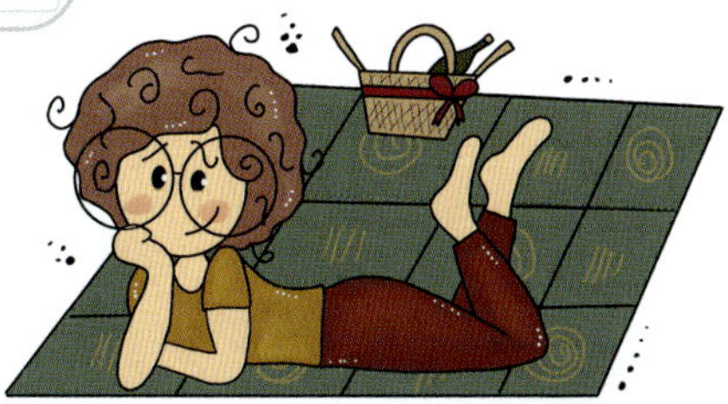

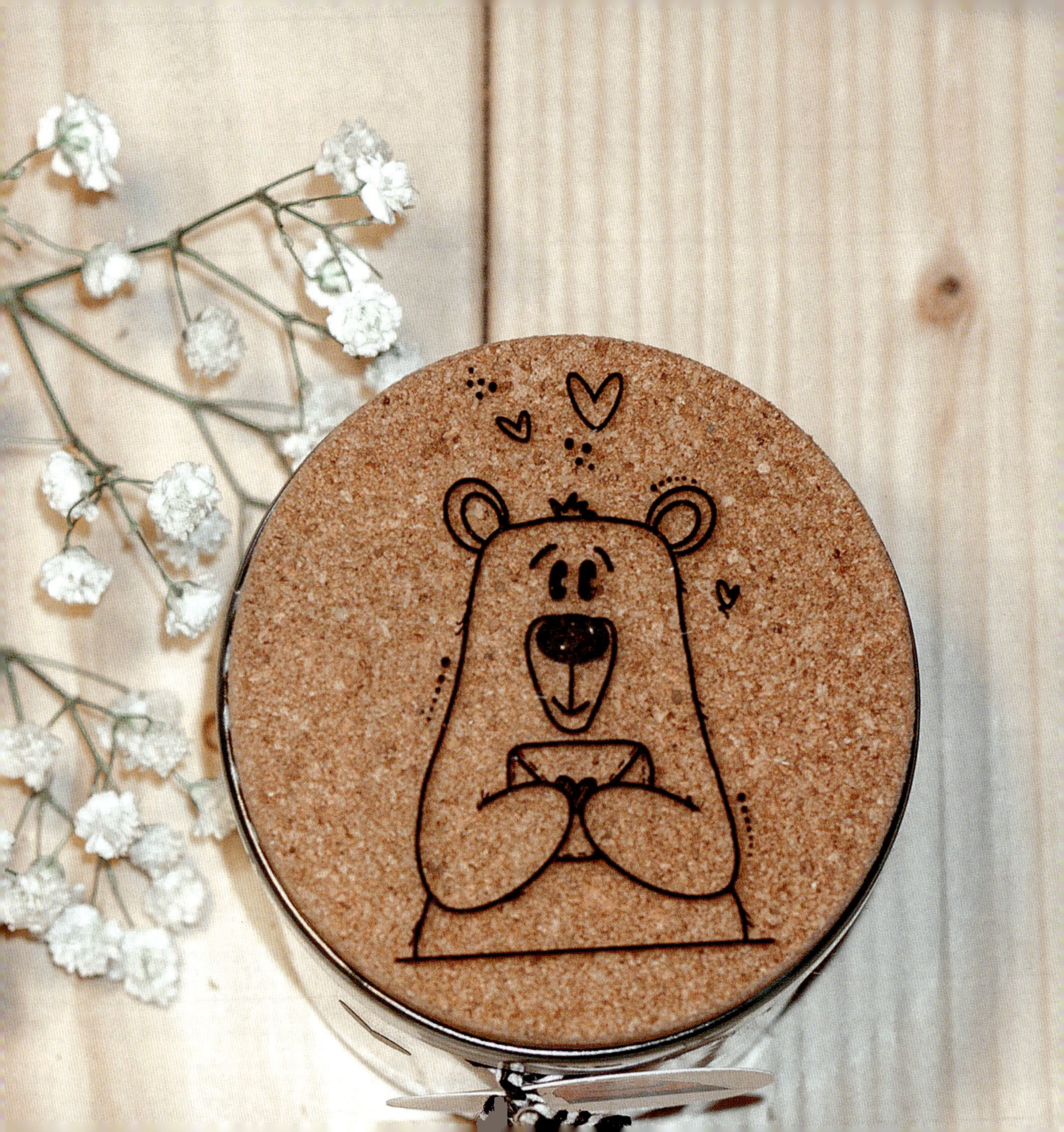

Kerze mit Korkdeckel »Benny«

Material

Kerzenglas mit Korkdeckel | Datei »Benny.svg« | Wabenplatte oberste Höhe

Korkdeckel unterhalb des roten Laserpunktes messen lassen. Datei ***»Benny.svg«*** öffnen. Korkdeckel nach oben im Laser verschieben und anschließend das Motiv platzieren.

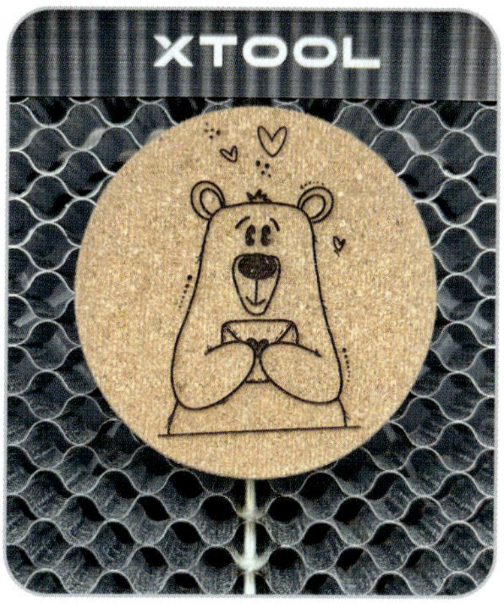

Wähle Eigenes Material. Kork gravierst du auch mit der Flächengravur. Dazu wählst du folgende Einstellungen:

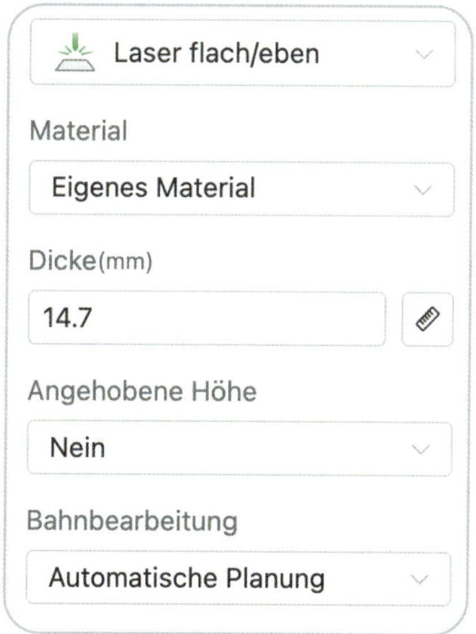

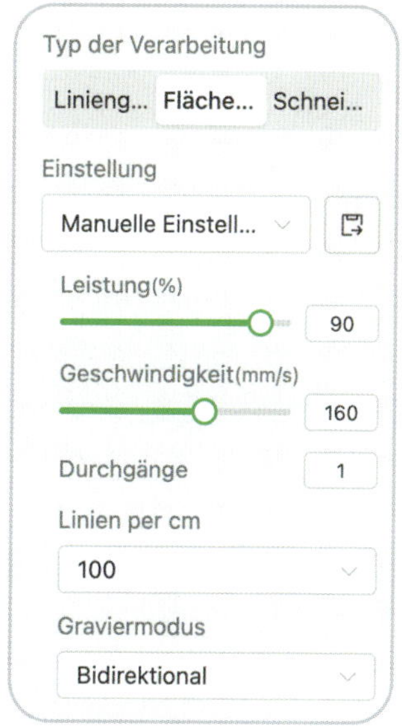

Für eine hellere Gravur verringerst du einfach die Leistung.

Überprüfe auch hier mithilfe der Rahmenfahrt die Platzierung deines Motivs und starte anschließend den Laservorgang.

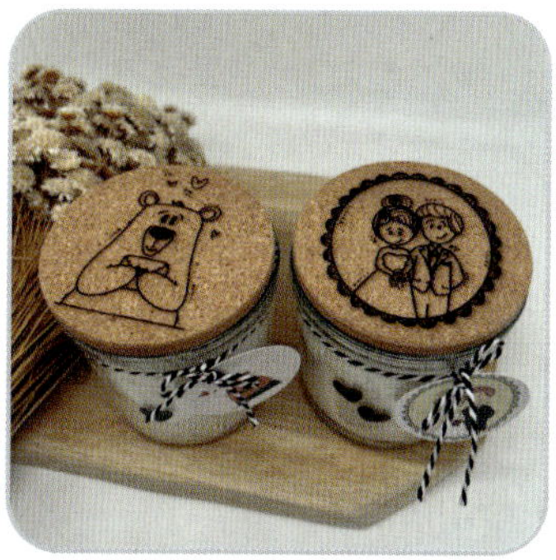

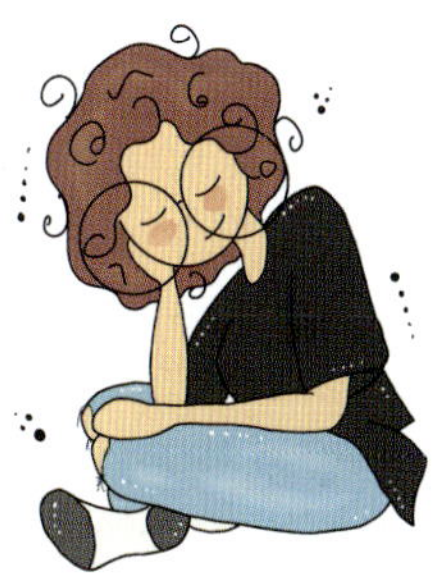

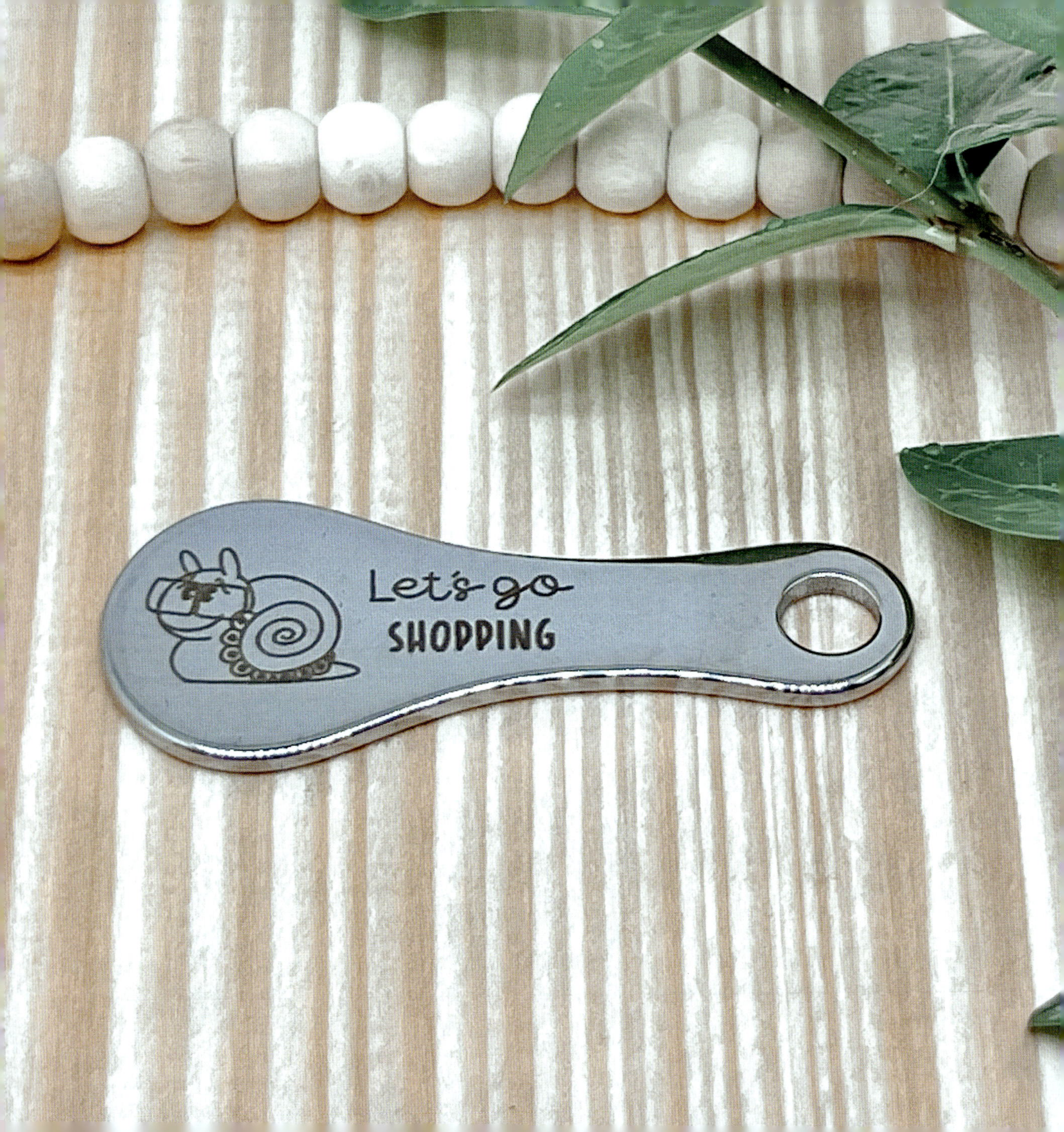
Let's go
SHOPPING

Einkaufswagenlöser

Material

Einkauswagenlöser Metall | Datei »Greta-lets-go-shopping.svg«

Du legst auch bei Metall das Werkstück zum Messen unter den roten Laserpunkt. In den Einstellungen wählst du als Material Silver Stainless Steel Tag.

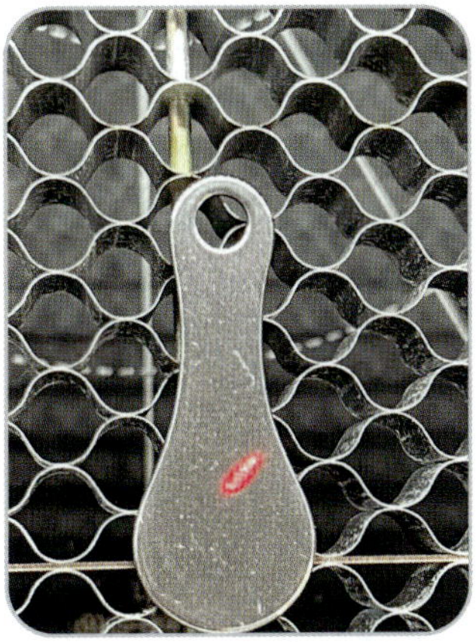

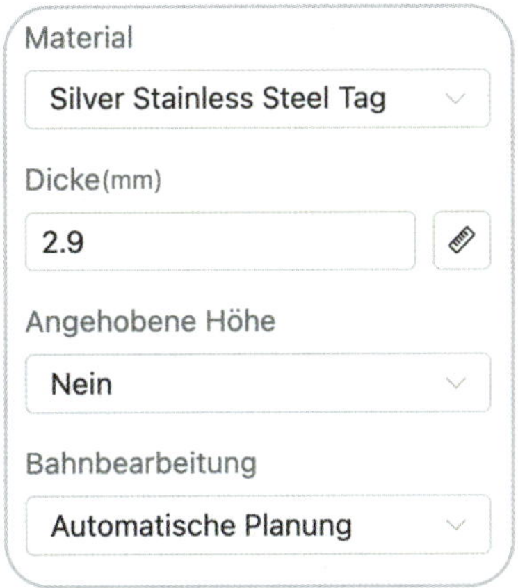

Nach dem Messen verschiebst du deinen Einkaufswagenlöser wie immer nach oben Richtung Kamera. Da der Einkaufswagenlöser ein sehr kleines Objekt ist, empfehle ich dir, das Werkstück mit der Zoomfunktion unten rechts etwas zu vergrößern.

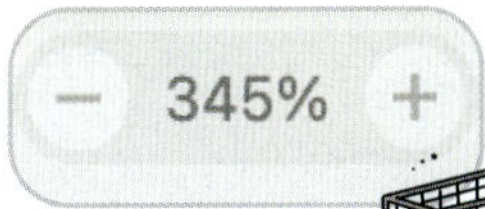

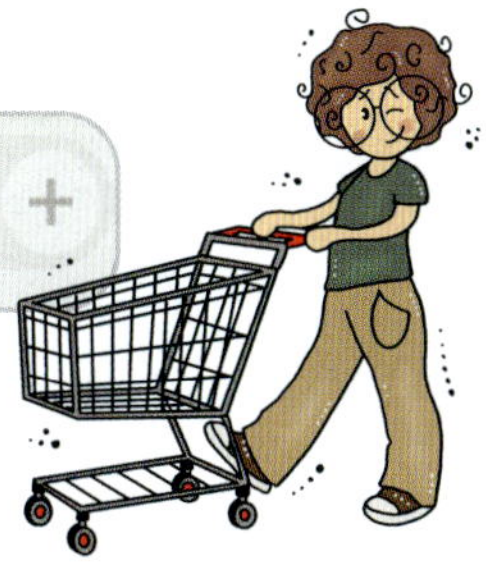

Jetzt kannst du dein Motiv sowie den Schriftzug anpassen und verschieben. Am besten funktioniert dies mit den Pfeiltasten auf deiner Tastatur.

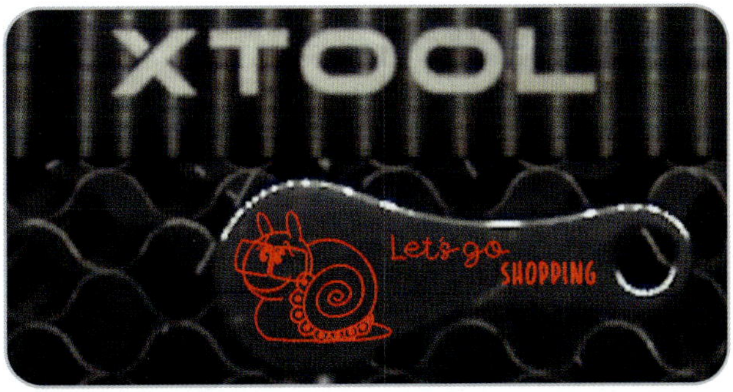

Die Voreinstellung für Flächengravur bei Silver Stainless Steel Tag sind optimal und müssen nicht verändert werden.

Achtung! Werkstücke aus Metall sind direkt nach der Gravur sehr heiß!

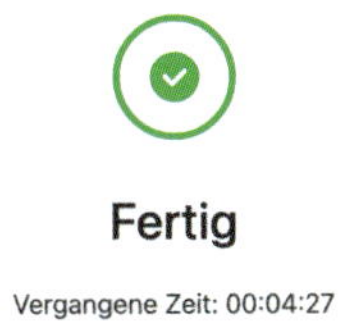

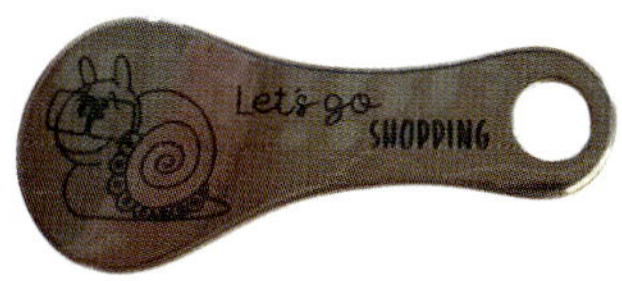

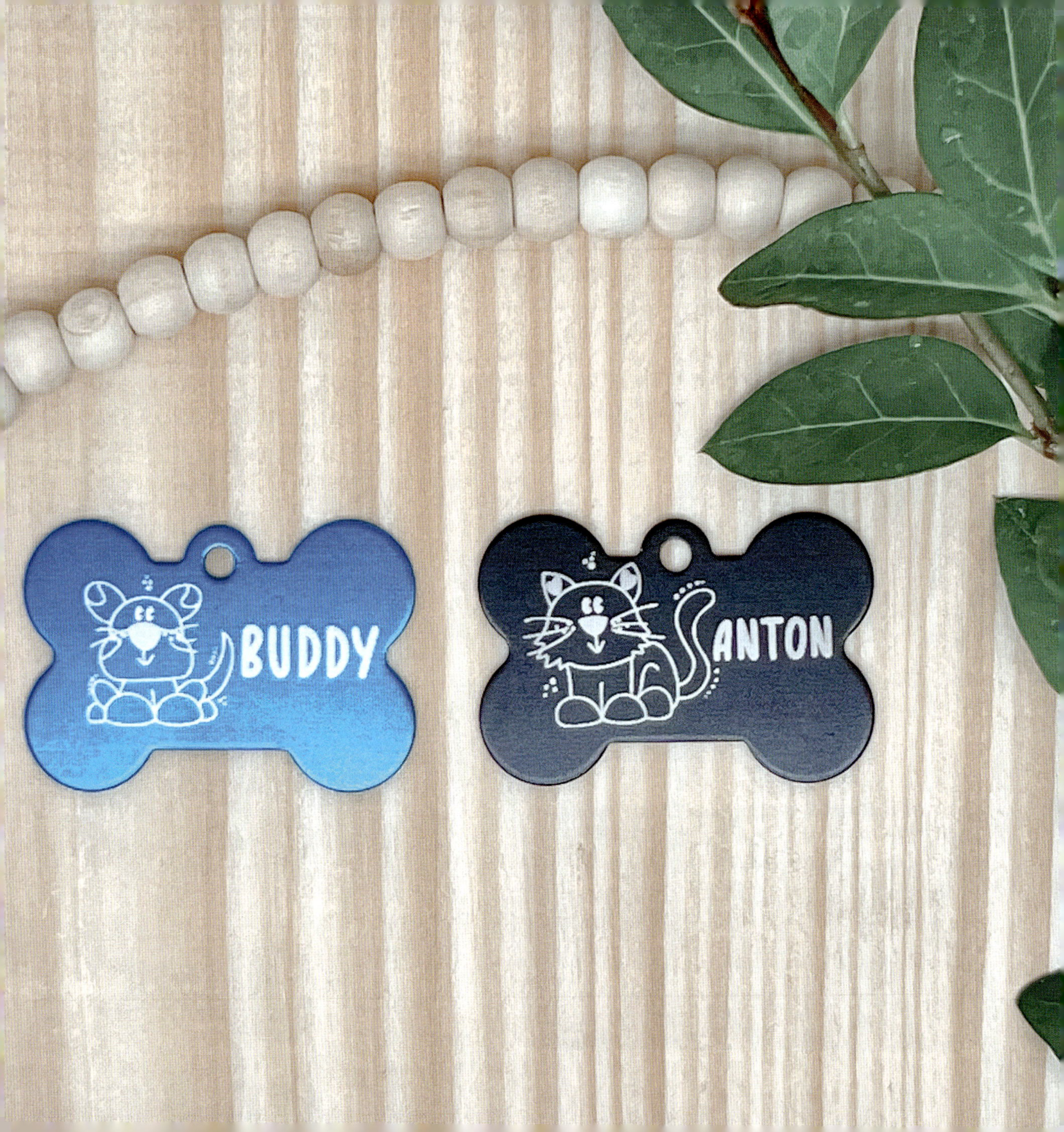
BUDDY
ANTON

Haustiermarke

Material

Hundemarke aus Metall | Datei »Anton.svg«

Auch bei der Hundemarke musst du dein Material unter dem roten Laserpunkt messen und anschließend nach ganz oben im Laser verschieben. Lade die Datei ***»Anton.svg«*** und markiere das Muster als Flächengravur. Die vorgegebenen Parameter müssen nicht geändert werden. Als Material wählst du wieder Silver Stainless Steel Tag.

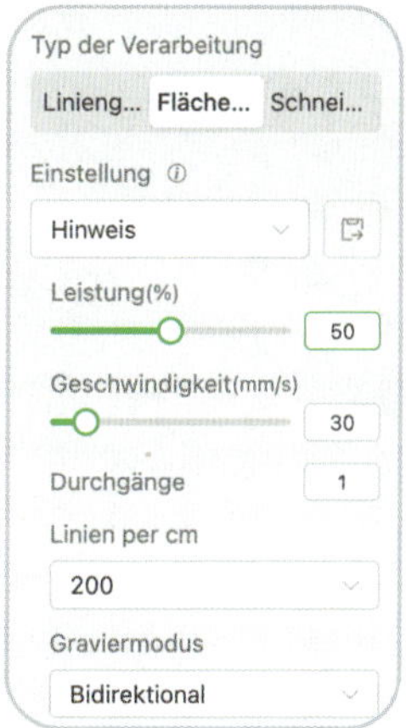

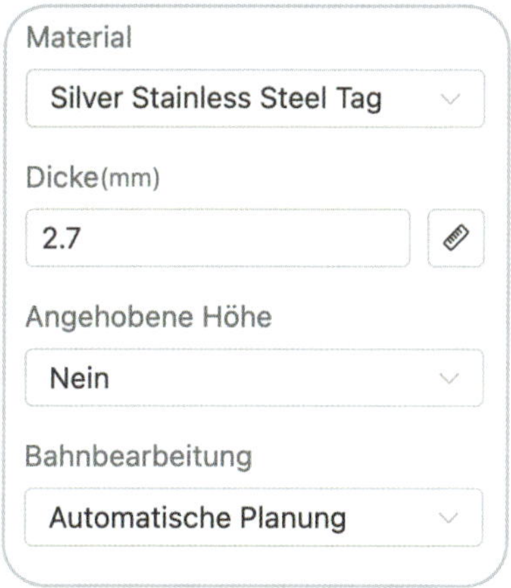

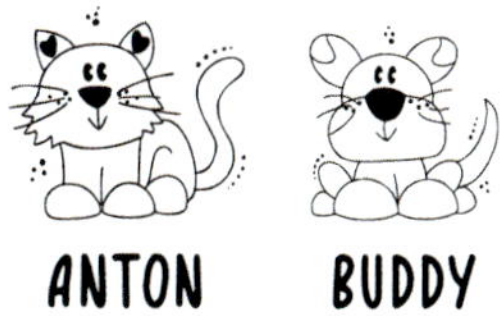

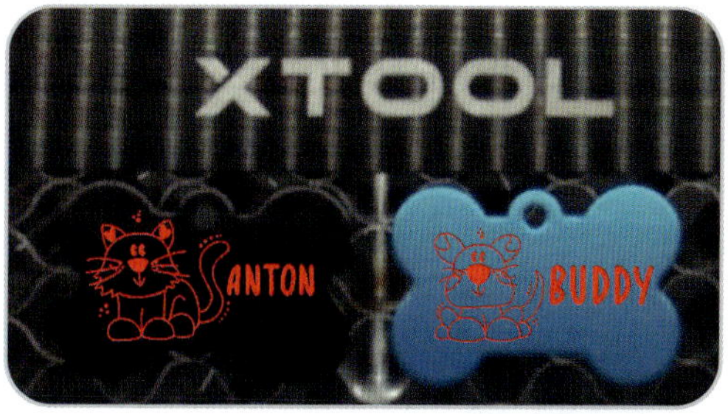

Graviere nun die Hundemarke mit deinem Wunschmotiv. Optional könntest du auch auf die Vorderseite das Motiv und auf die Rückseite den Namen des Tieres sowie deine Handynummer gravieren.

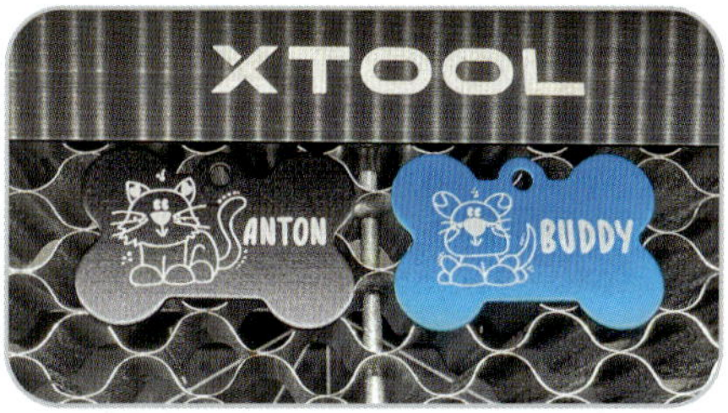

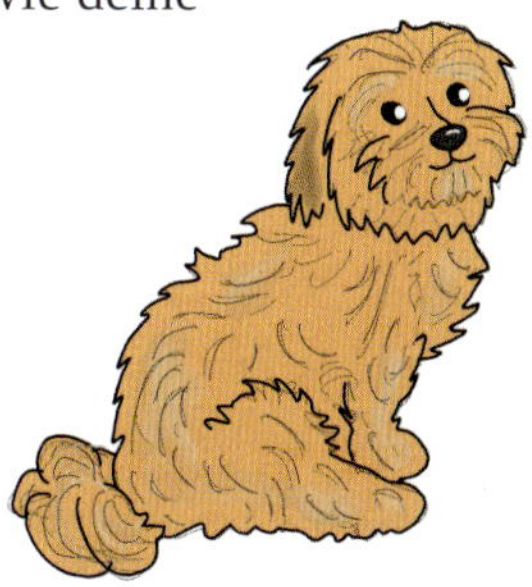

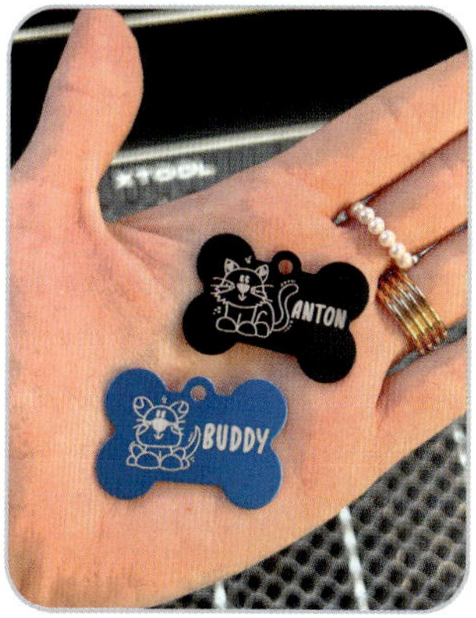

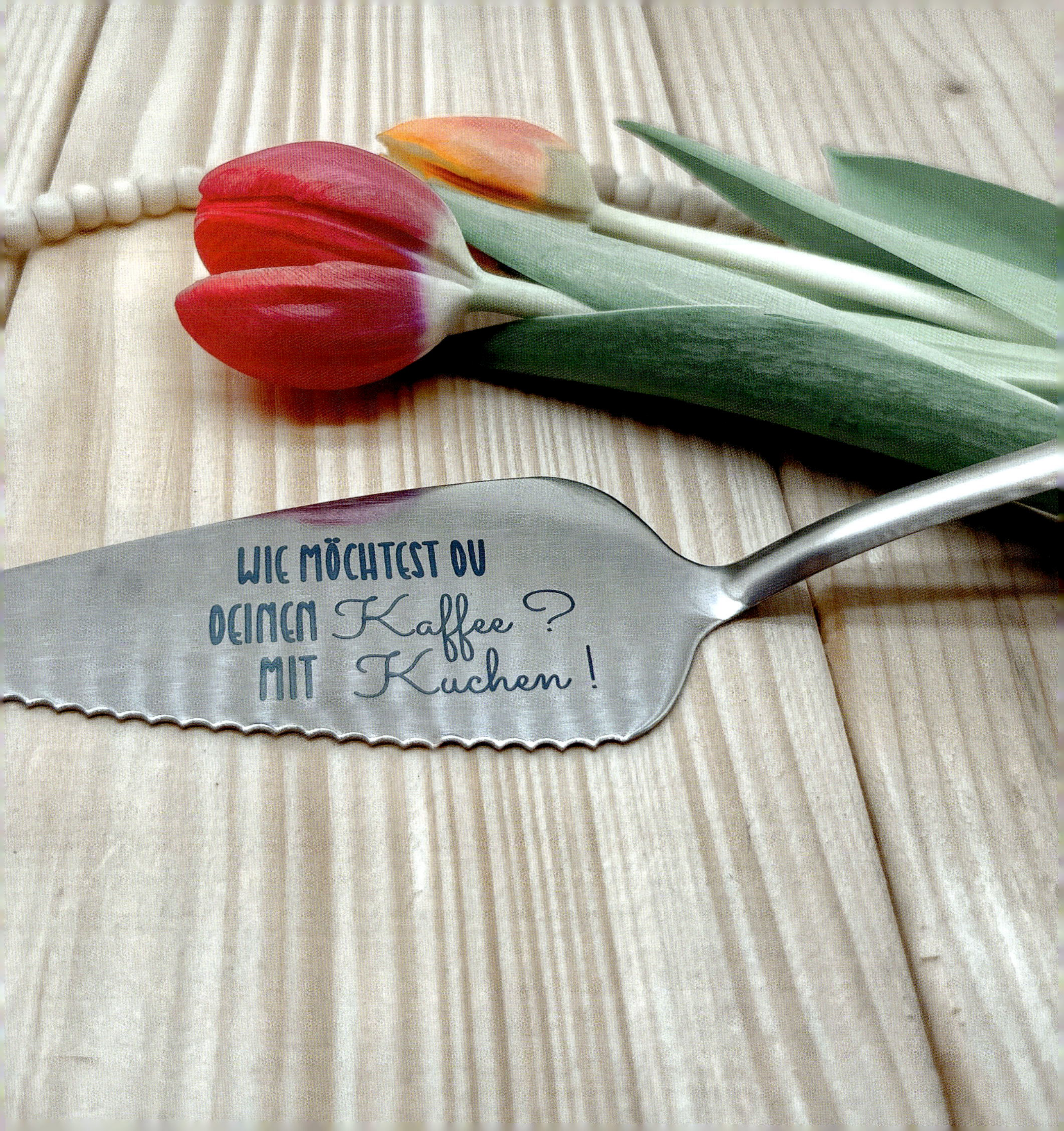
WIE MÖCHTEST DU
DEINEN Kaffee?
MIT Kuchen!

Tortenheber

Material

Tortenheber aus Metall | Datei »Kuchen.svg« | Schwarzer Stift Non Permanent Marker

Wenn du einen solchen Tortenheber gravieren möchtest, musst du vorher die reflektierende Oberfläche mit einem schwarzen, abwaschbaren Stift einfärben. Anschließend lässt du das System wieder die Höhe ermitteln.

Lege einfach etwas Holz hinten unter den Griff, damit der Tortenheber vorne komplett aufliegt und nicht kippen kann.

Wähle folgende Einstellungen und dann als Material Metal Card. Lade anschließend die Datei ***»Kuchen.svg«***.

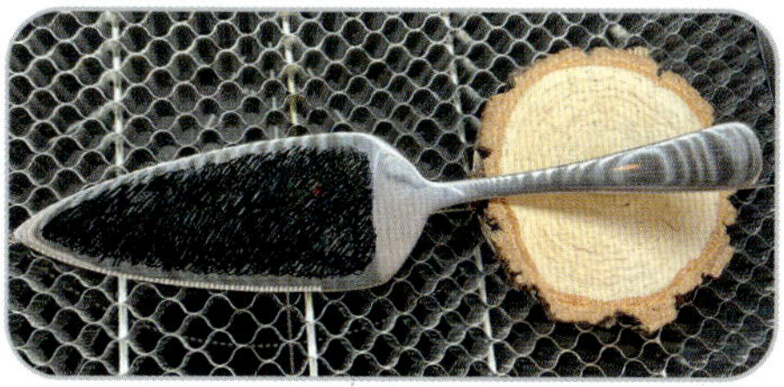

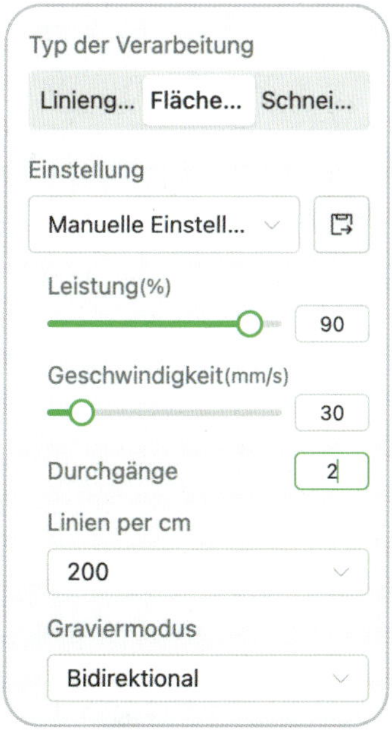

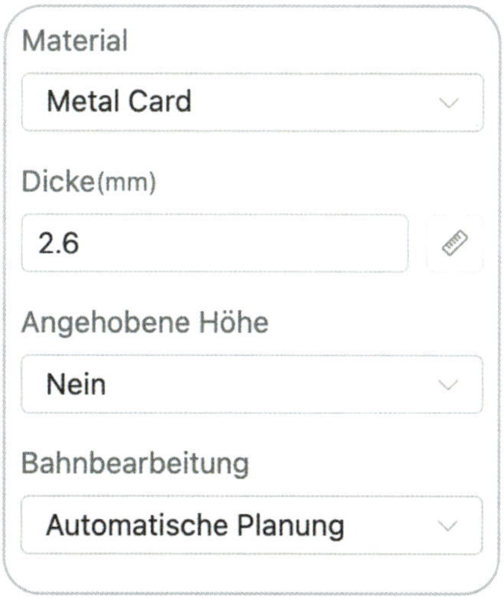

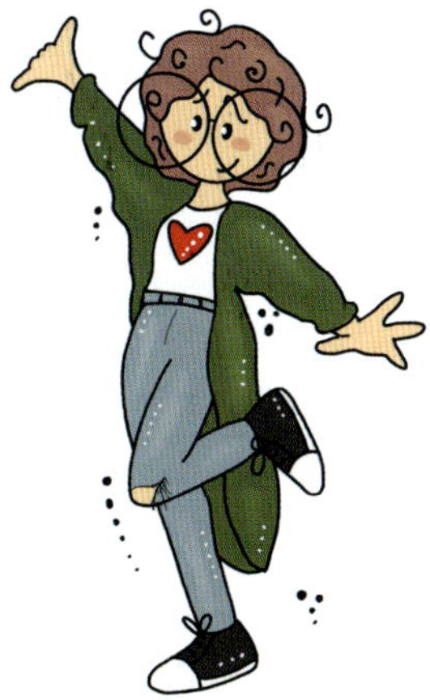

Verschiebe den Tortenheber nach dem Messen nach oben mittig und platziere nun dein Motiv.

Achte darauf, dass der Untergrund dort, wo deine Schrift sitzt, schwarz angemalt ist. Der Laser kann den Untergrund sonst nicht erkennen.

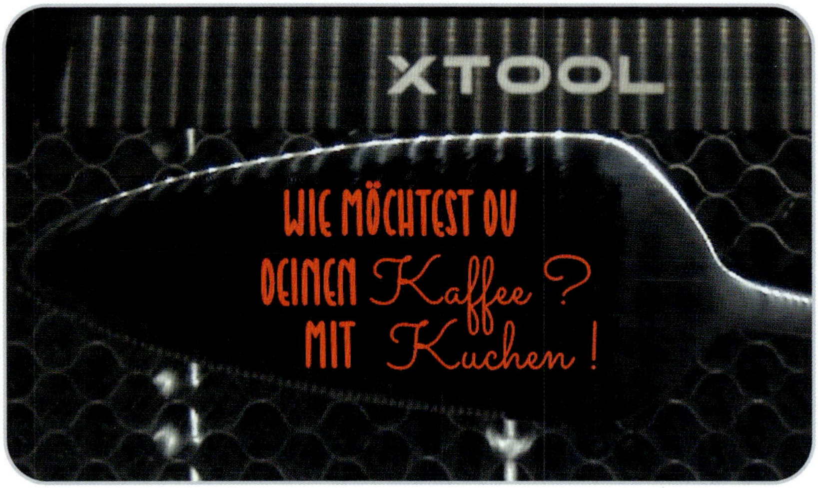

Nach dem Gravieren kannst du den Non-Permanent-Marker einfach mit einem feuchten Tuch abwischen.

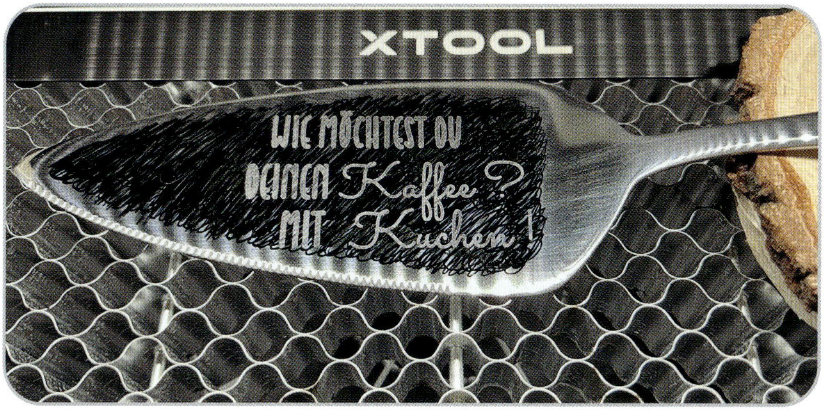

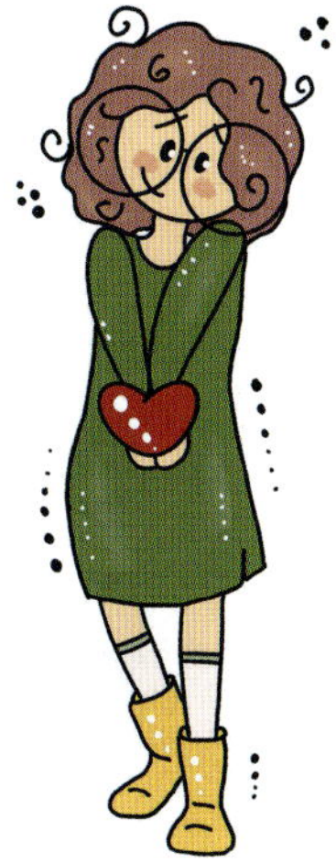

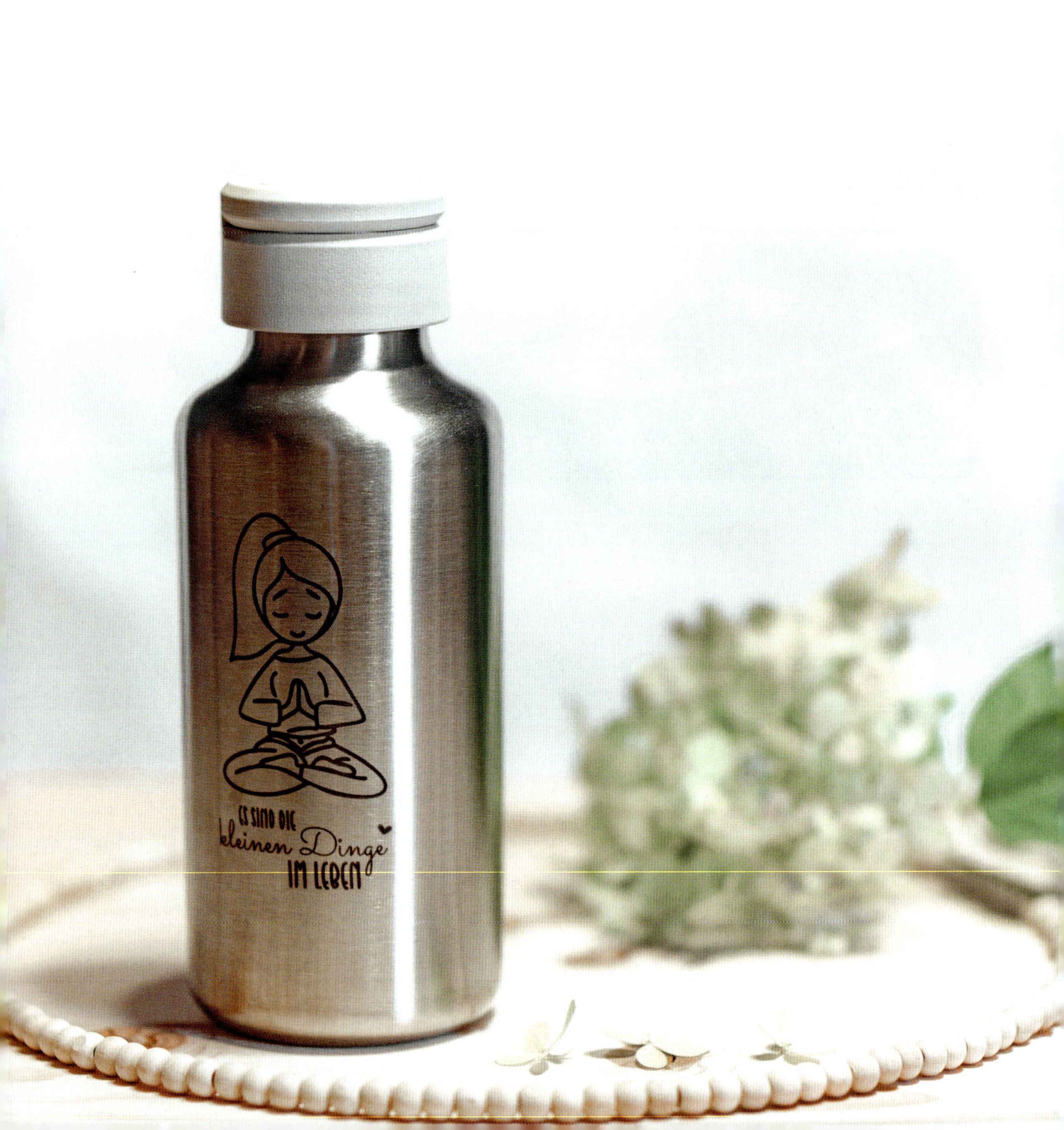
ES SIND DIE
kleinen Dinge
IM LEBEN

Trinkflasche »Yoga«

Material

Trinkflasche aus Metall | Datei »Yoga.svg« | Rotary RA2 Pro

Für dieses Projekt benötigst du deine ***Rotary RA2 Pro***.

Spanne deine Trinkflasche fest ein und stelle sie im Laser auf den untersten Boden.

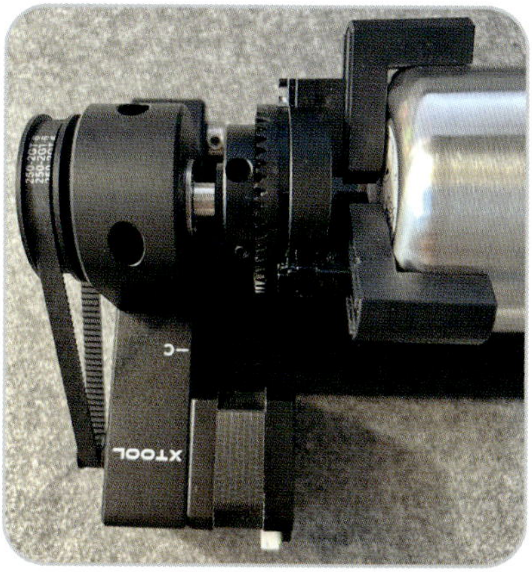

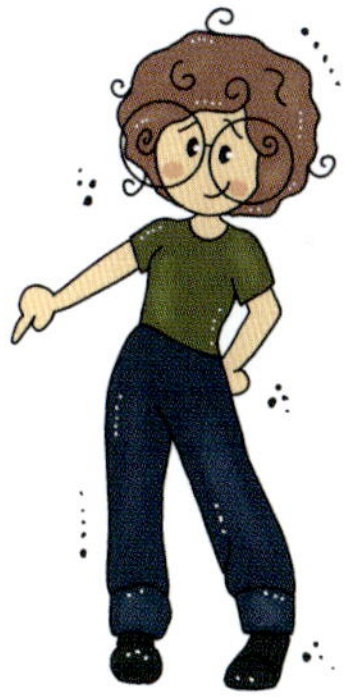

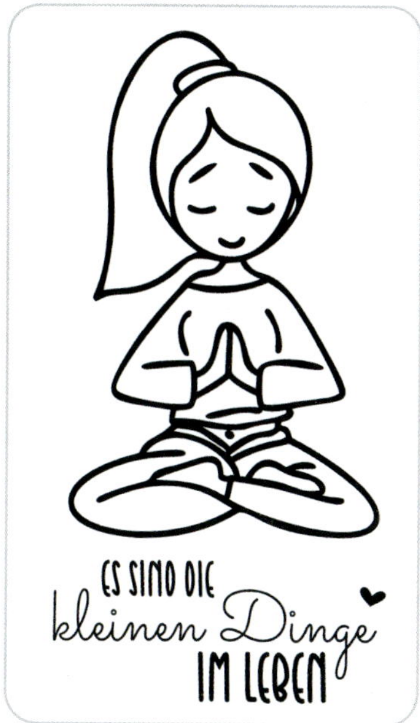

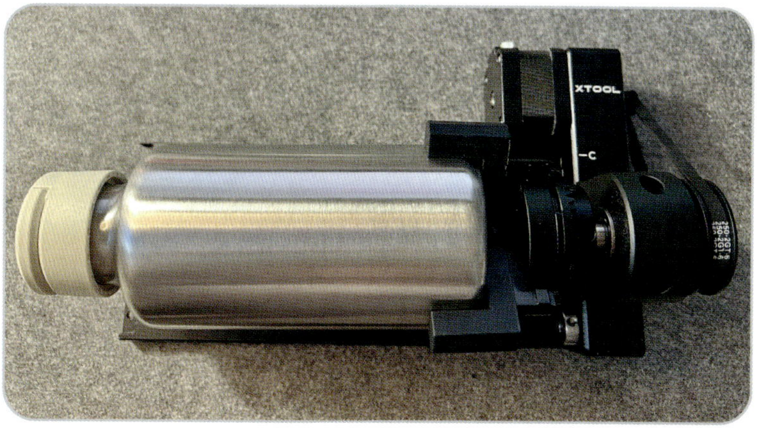

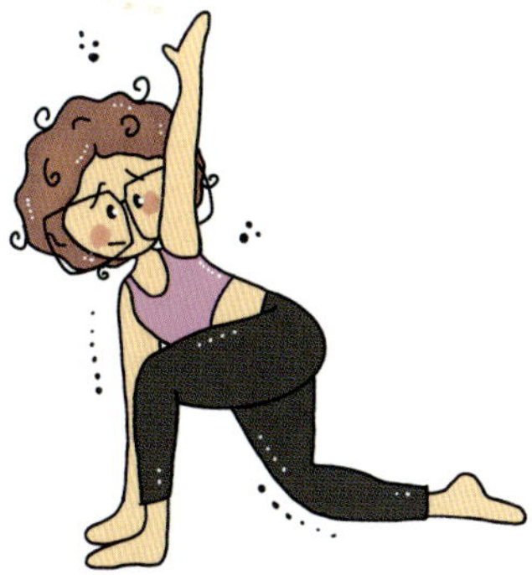

Jetzt schließt du die Rotary mit der kleinen weißen Steckverbindung am Laser an.

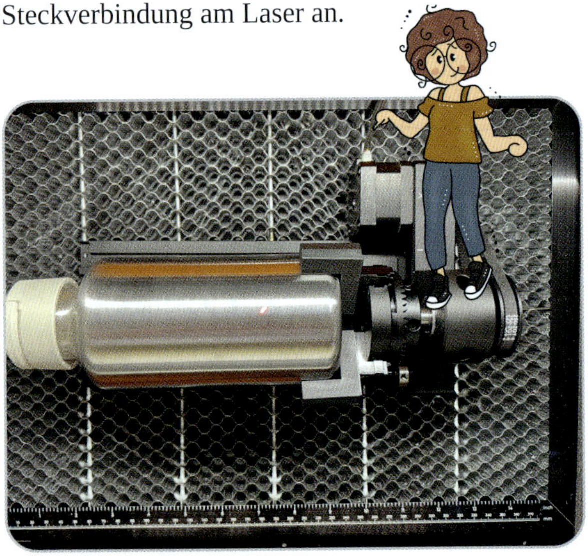

Öffne dann dein XCS und verbinde deinen PC mit dem Laser.

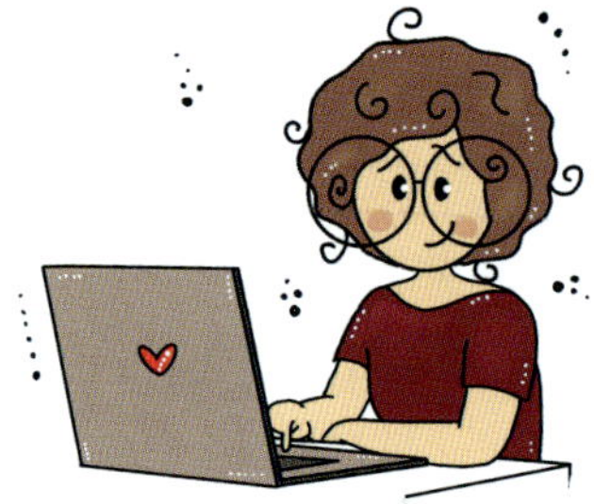

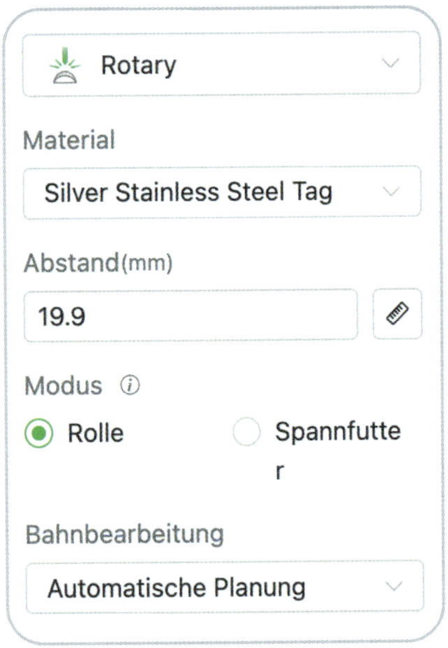

Nun wählst du die Rotary mit der Einstellung Silver Stainless Steel Tag aus. Achte darauf, dass der rote Laserpunkt auf den höchsten Punkt deiner Flasche trifft, schließe den Deckel und führe die automatische Messung durch.

Lade anschließend die Datei ***»Yoga.svg«*** ins System. Das Motiv wird als Flächengravur markiert.

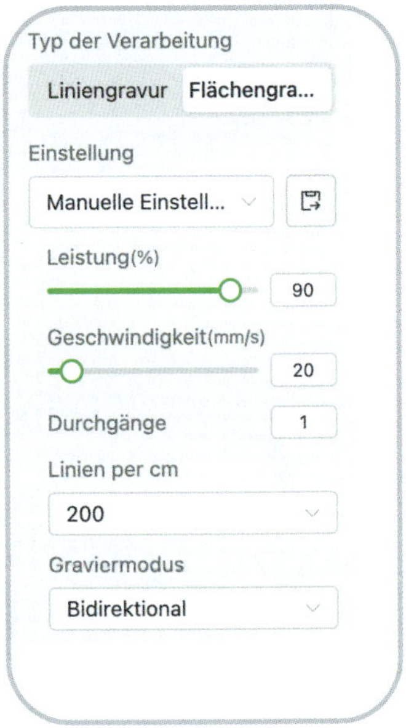

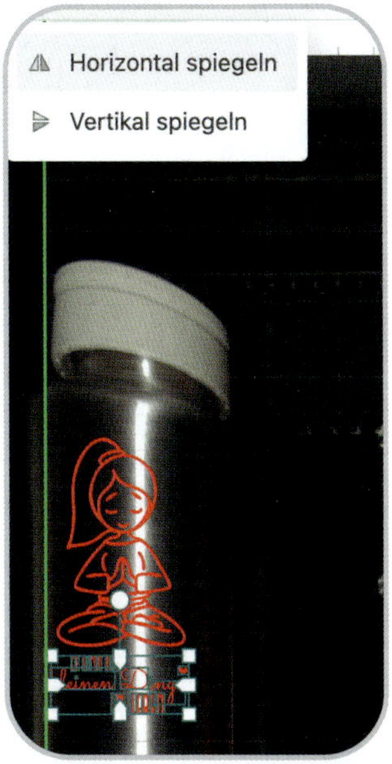

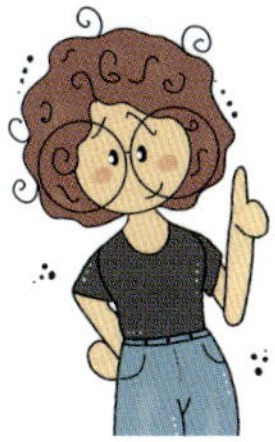

Die Schrift muss horizontal gespiegelt werden! Dazu markierst du den Schriftzug und wählst oben ***Spiegeln - Horizontal spiegeln***.

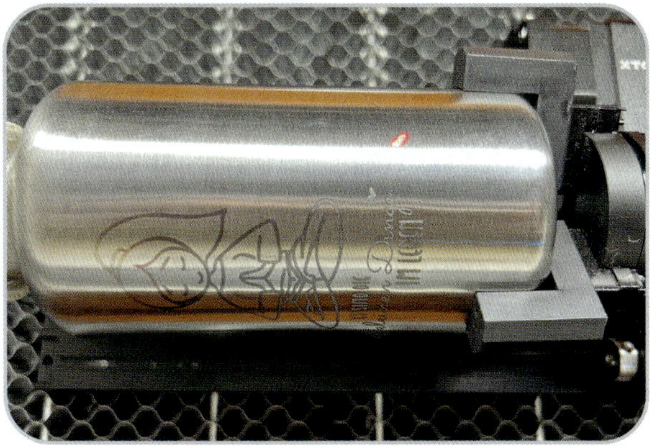

Die grüne Linie ist die Startlinie, an der der Laser mit der Gravur beginnen soll.

Setze diese linksbündig an die Flasche: Dort platzierst du auch dein Motiv. Die Flasche wird in der Rotary automatisch während der Gravur gedreht.

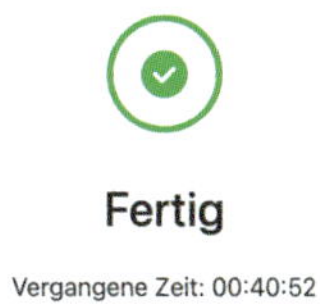

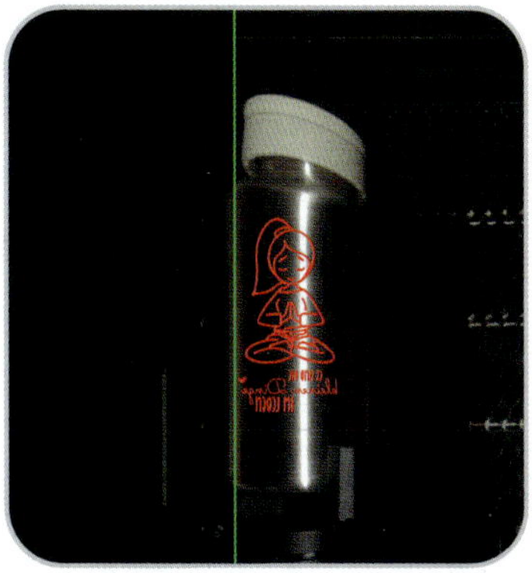

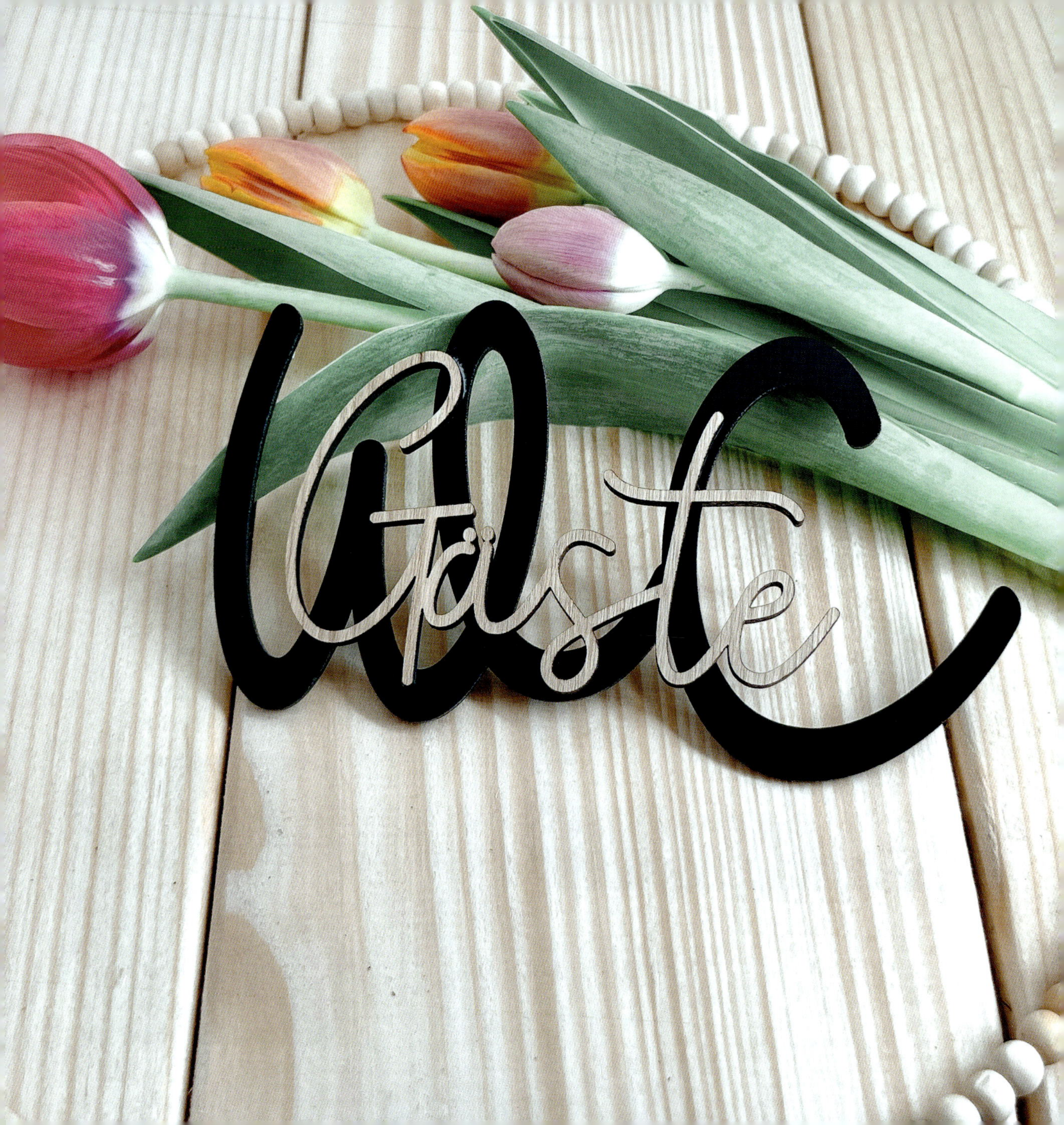

Gäste

TÜRSCHILD »GÄSTE-WC«

MATERIAL

Acrylplatten schwarz 1,7mm | Datei »Gaeste-WC.svg« | Holzreste | Wabenplatte mit Prismen | Air Assist | Abstandsklebepunkte | Klebstoff

Entferne zuerst die Schutzfolien vom Acryl!

Platziere nun die schwarze Acrylplatte in deinem Laser und wähle folgende Einstellungen für Acryl.

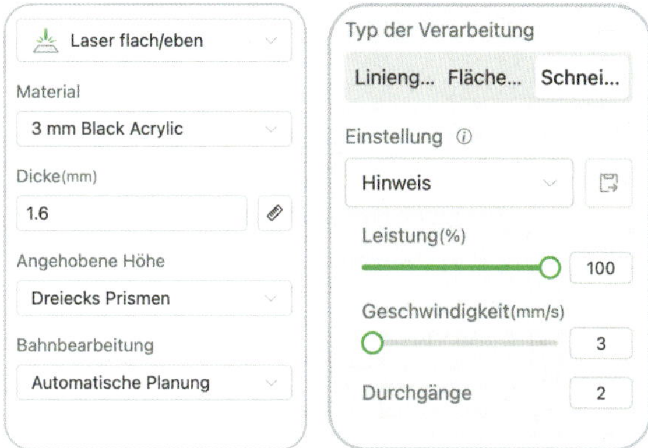

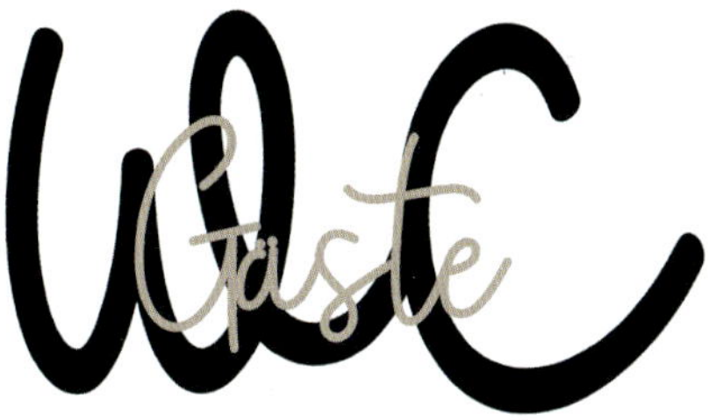

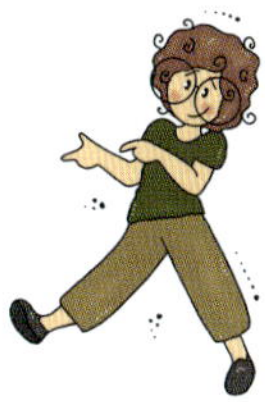

Lasse die Dicke vom Laser messen. Lade anschließend nur das Wort ***WC*** aus der Datei ***»Gaeste-WC.svg«*** im XCS. Das Wort ***Gäste*** kannst du einfach seitlich platzieren oder löschen.

Schalte den Air Assist ein. Ohne Air Assist kann es sein, dass der Laservorgang zu heiß wird und dein Material schmilzt.

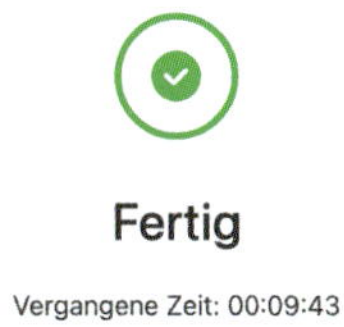

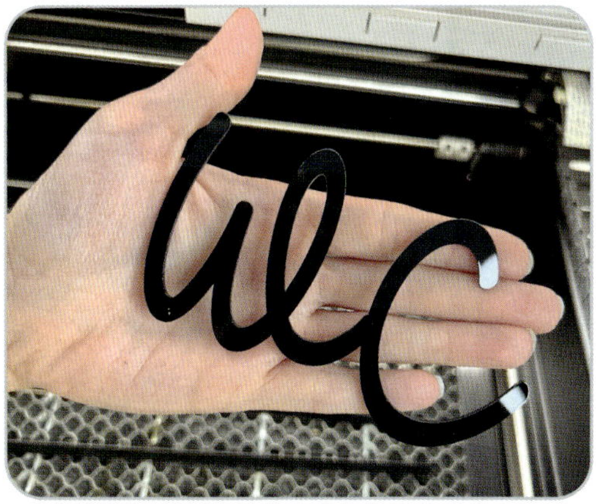

Im nächsten Schritt legst du das Holzbrett in den Laser, lässt auch hier die Dicke vom System messen und wählst diese Einstellungen:

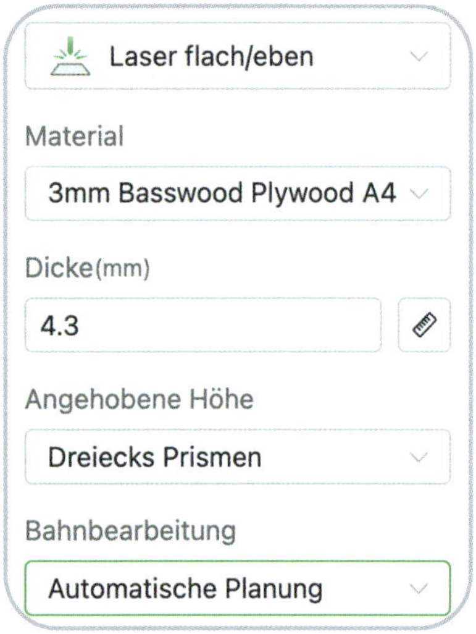

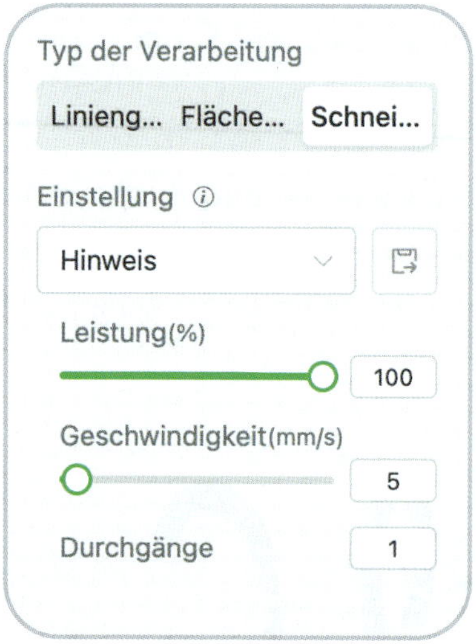

Lade dir nun das Wort ***Gäste*** aus der Datei ***»Gaeste-WC.svg«*** und lasse das Wort vom Laser schneiden.

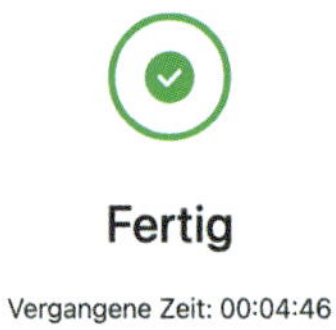

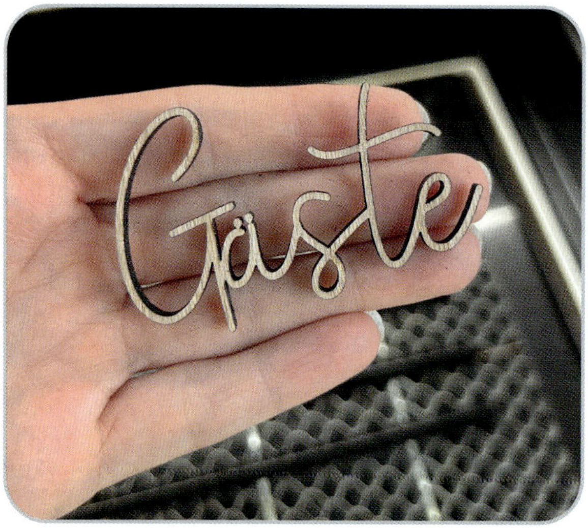

Klebe nun die Abstandskleber auf die Rückseite des schwarzen Schriftzugs ***WC***. Anschließend klebst du den Holzschriftzug ***Gäste*** vorne auf das schwarze Acryl.

Nach dem Trocknen ist alles fertig zum Dekorieren.

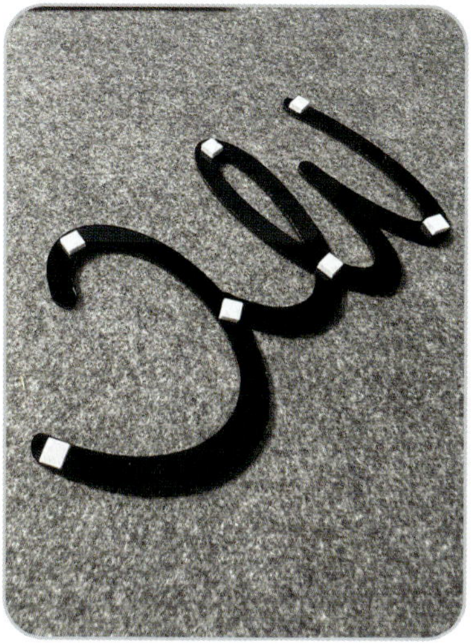

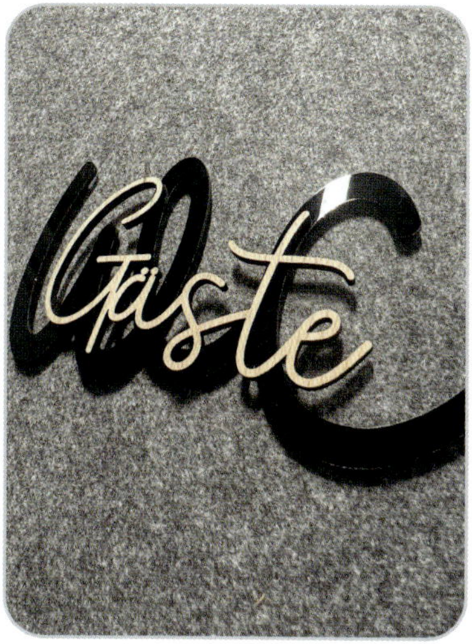

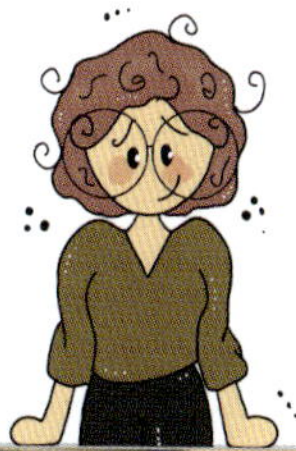

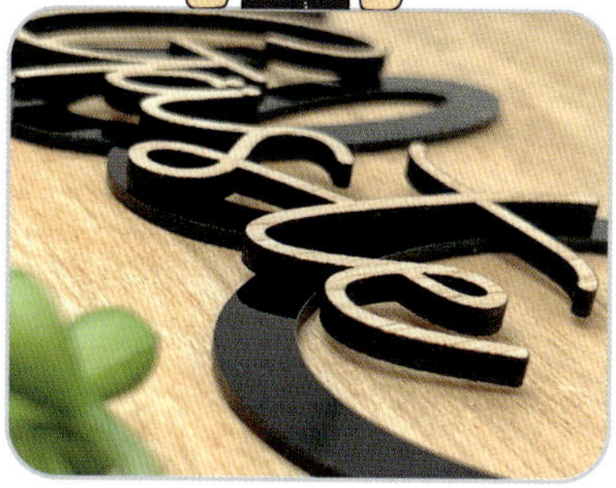

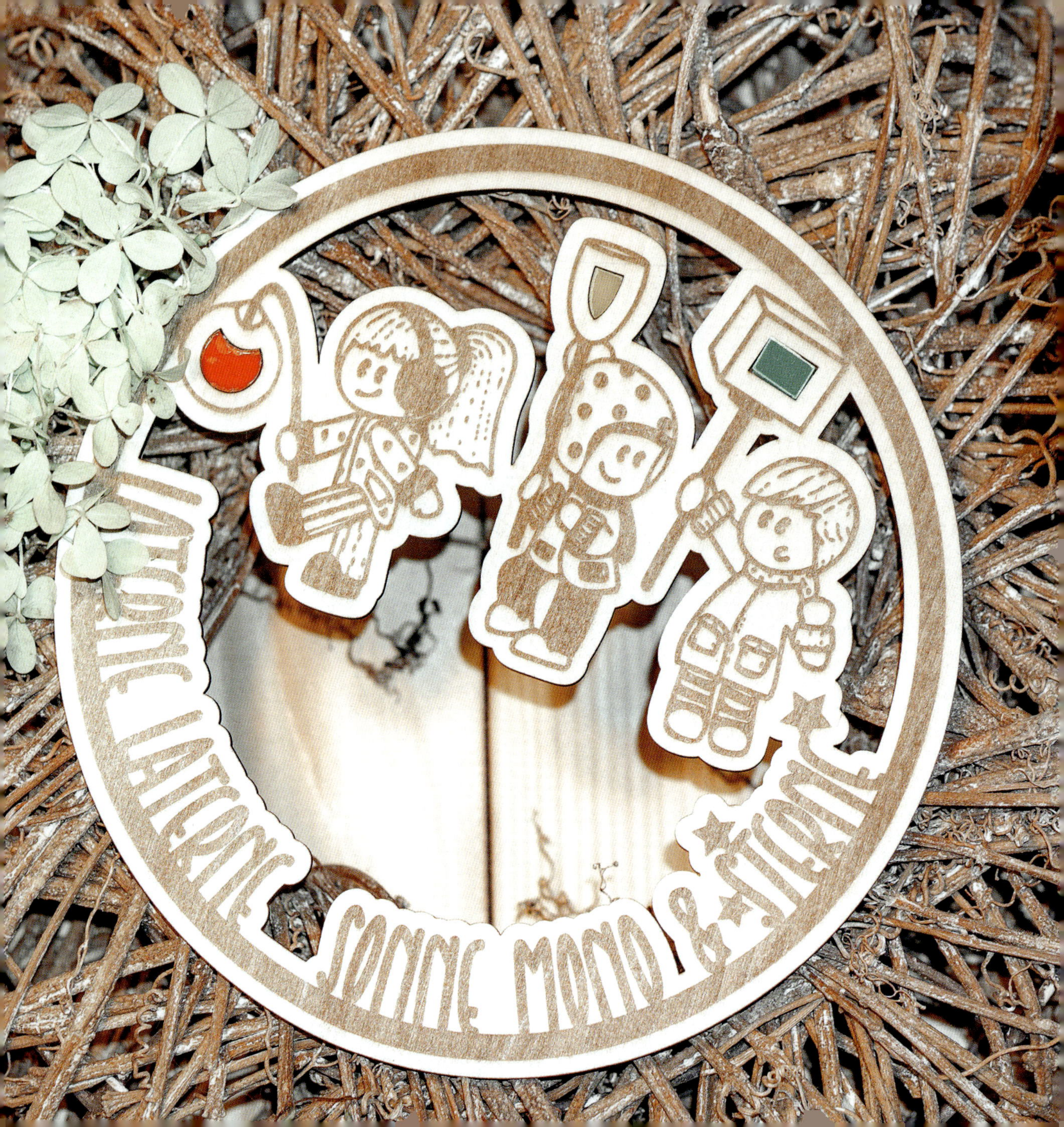
LATERNE SONNE MOND & STERNE

Dekokranz »Laterne«

Material

Holzplatte 3mm | Acryl rot, grün, gelb 3 mm | Datei »Laterne.svg« & »Laterne-innen.svg« | Air Assist | Prismen | Klebstoff

Im ersten Schritt lädst du die Datei ***»Laterne.svg«*** in den XCS. Lege die Holzplatte in den Laser. Markiere die Flächen, die graviert und die geschnitten werden sollen und starte den Laser.

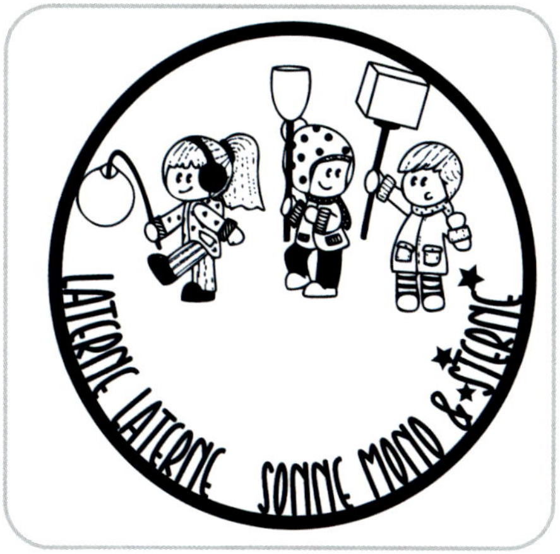

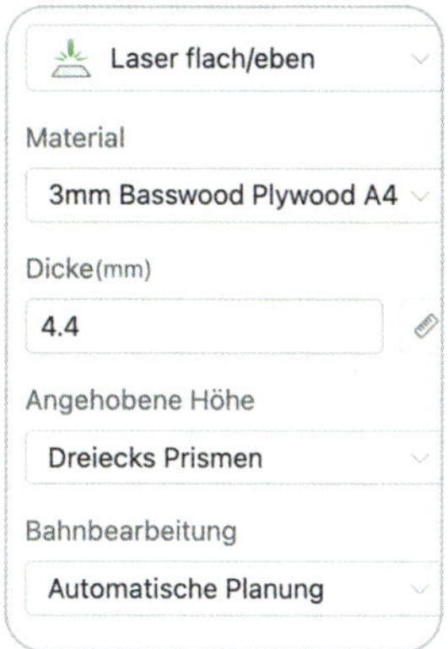

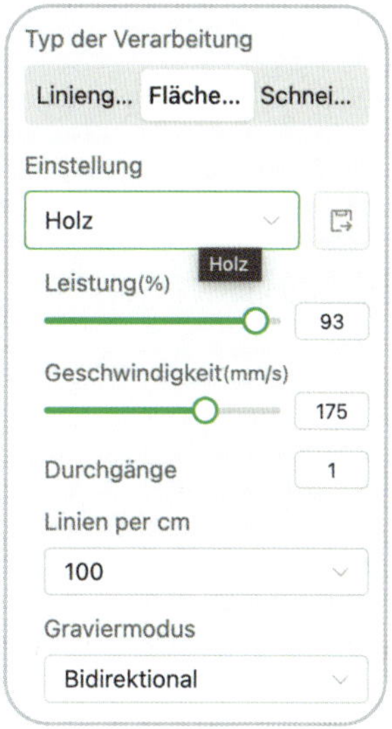

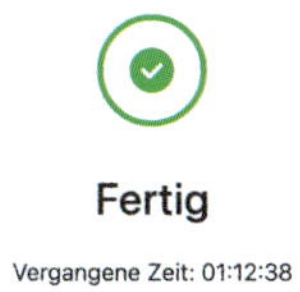

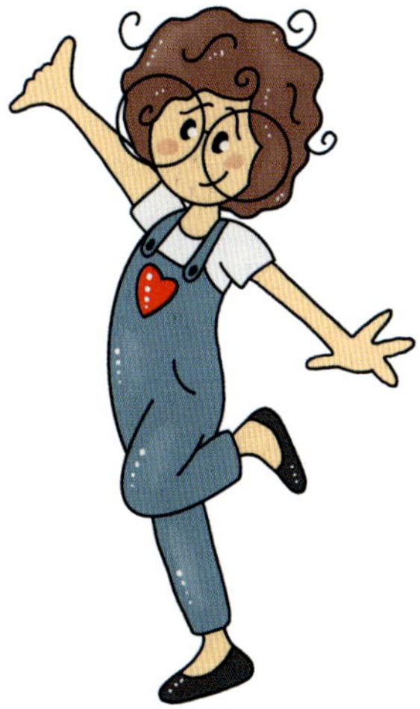

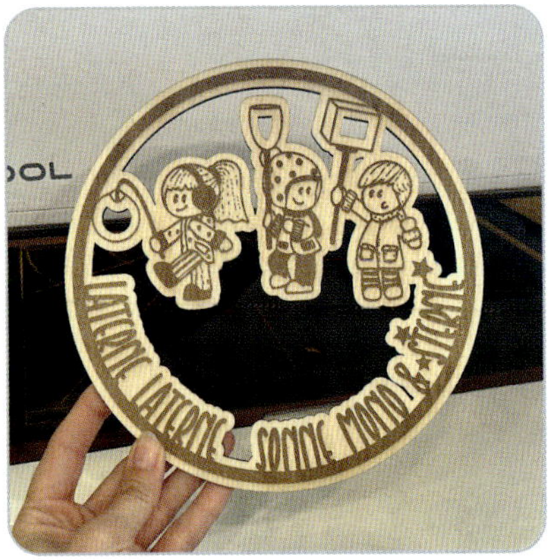

Wenn du die Laternen gerne bunt hättest, dann lege nun das rote Acryl in den Laser und lade die Datei ***»Laterne-innen.svg«*** und die Einstellungen auf der nächsten Seite.

Achtung: Nicht vergessen, die Folie vorne und hinten vom Acryl zu entfernen!

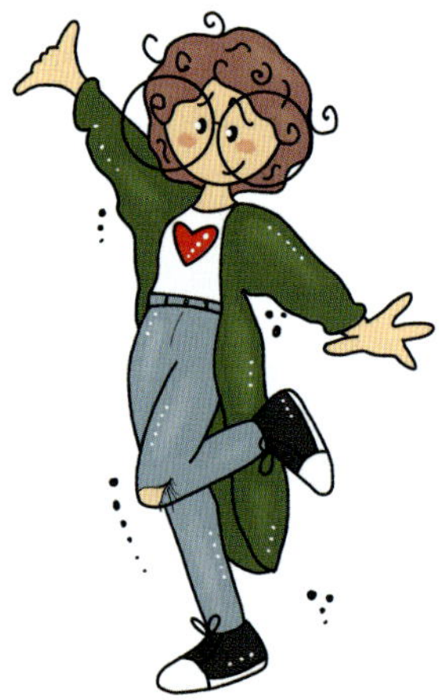

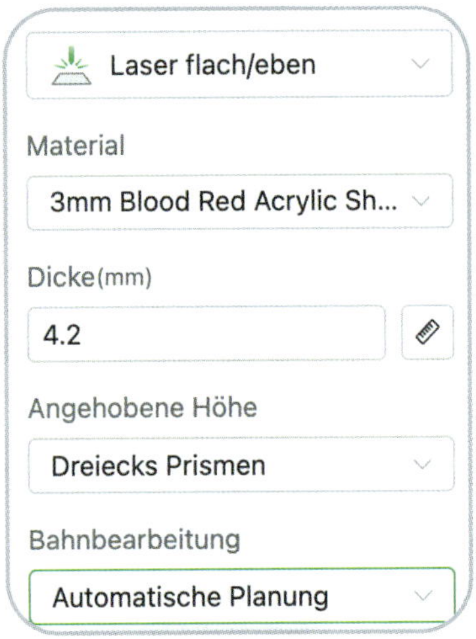

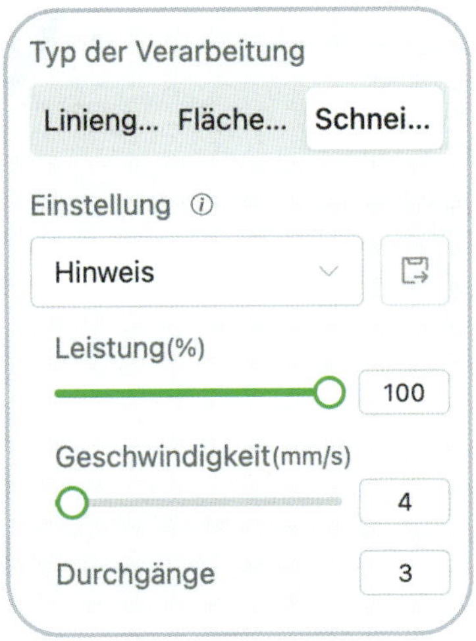

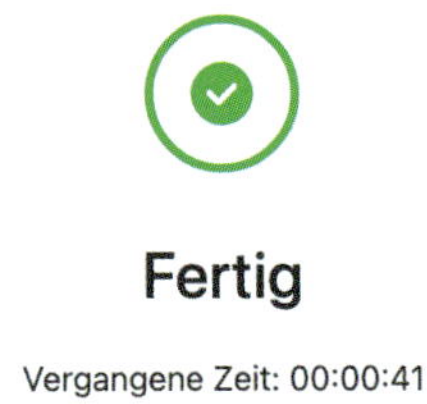

Diesen Vorgang wiederholst du dann mit den anderen beiden Farben Gelb und Grün. Hier musst du je nach Material eventuell vier Durchgänge zum Schneiden wählen.

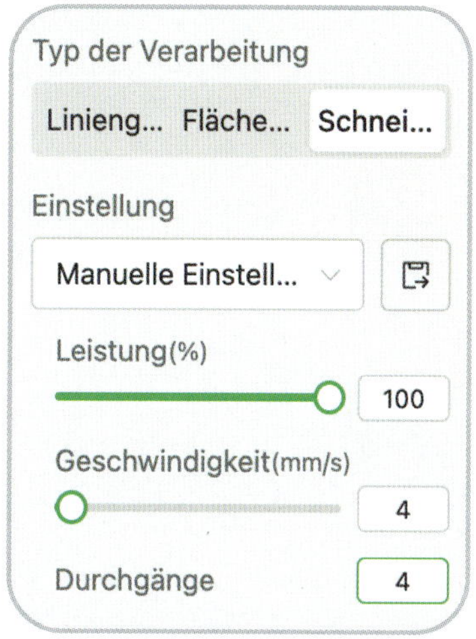

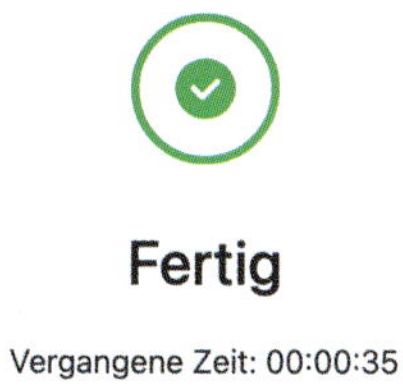

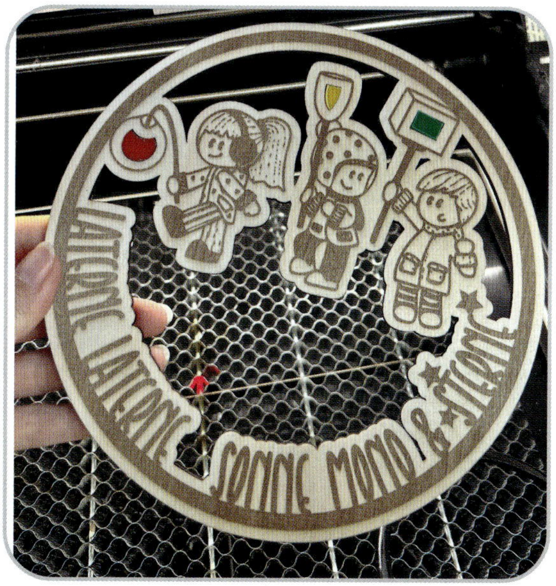

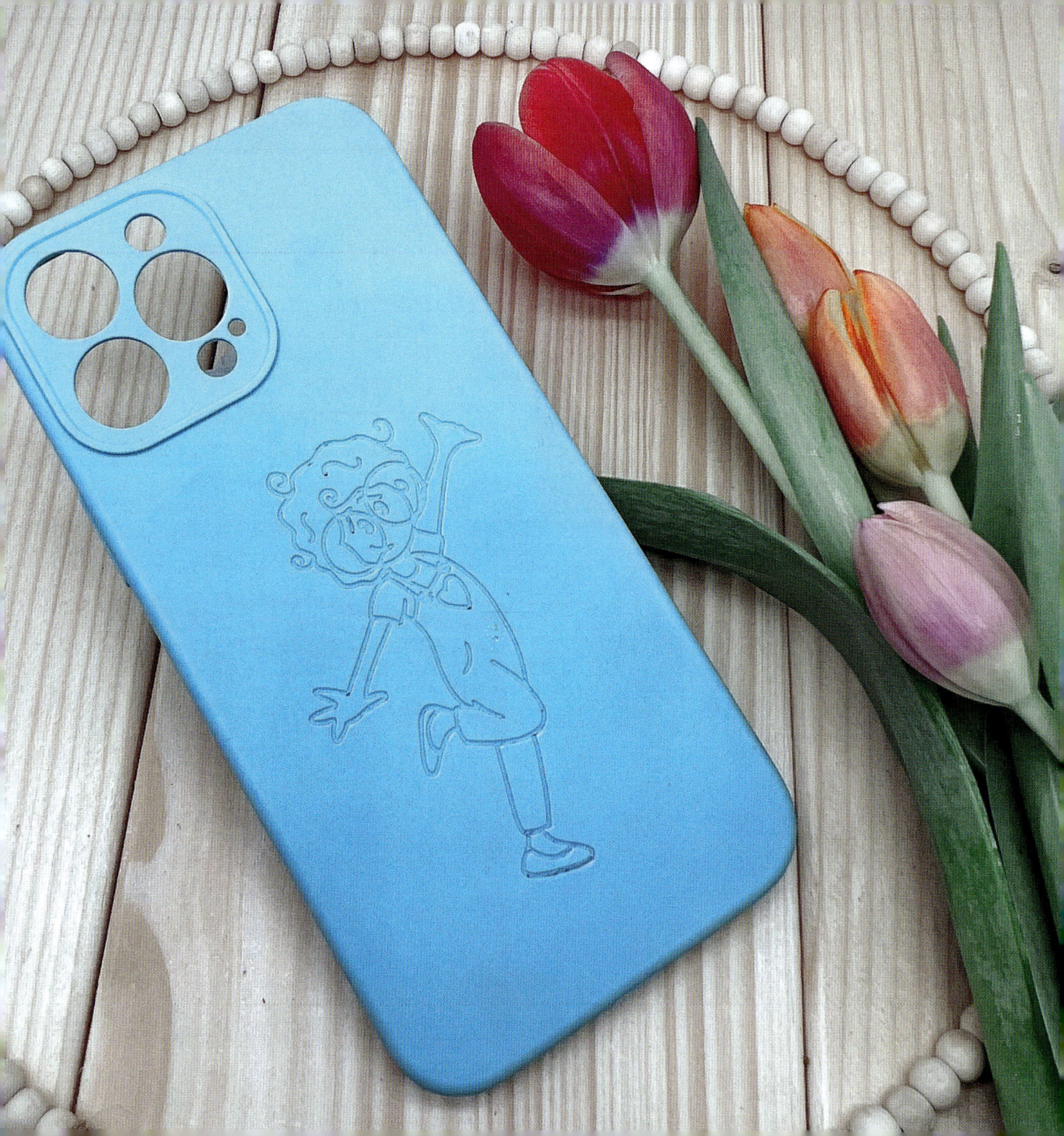

Handyhülle

Material

Handyhülle aus Silikon | Motiv und Datei nach Wunsch

Platziere die Handyhülle mittig im Laser und lasse die Höhe messen. Öffne ein beliebiges Motiv oder schreibe zum Beispiel deinen Namen. Platziere das Motiv auf der Handyhülle und wähle folgende Einstellungen:

Da die Materialien der Hüllen unterschiedlich sind, kann das Ergebnis etwas variieren.

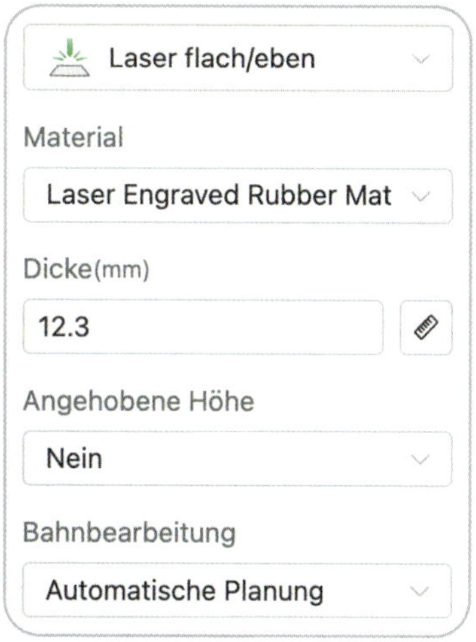

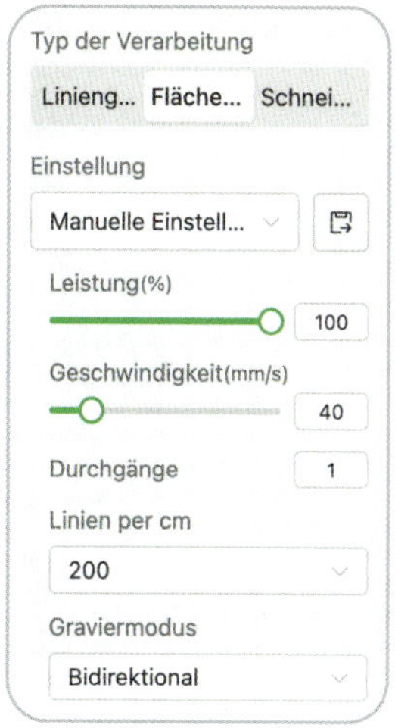

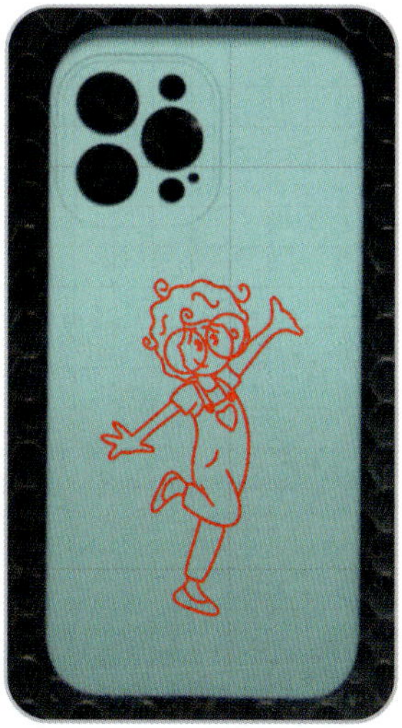

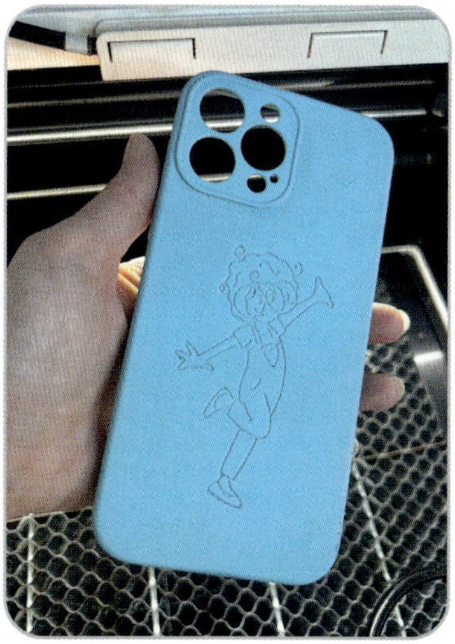

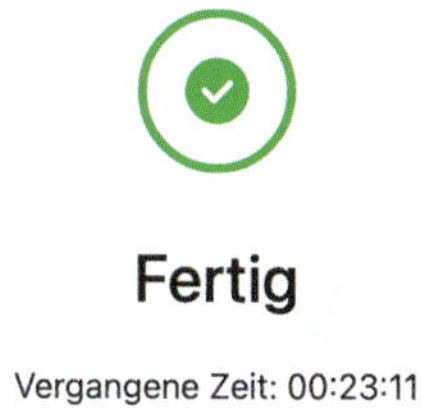

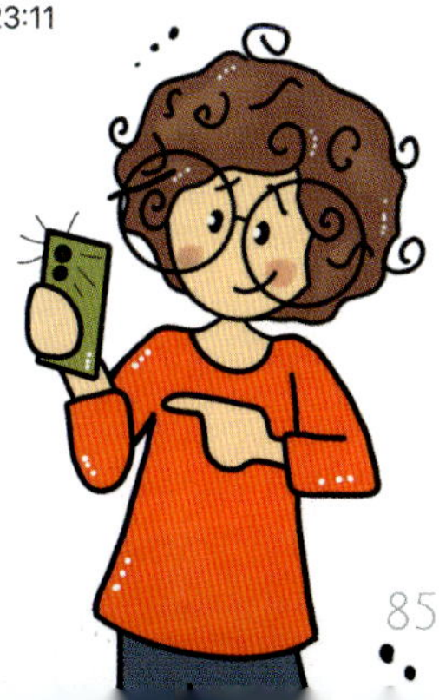

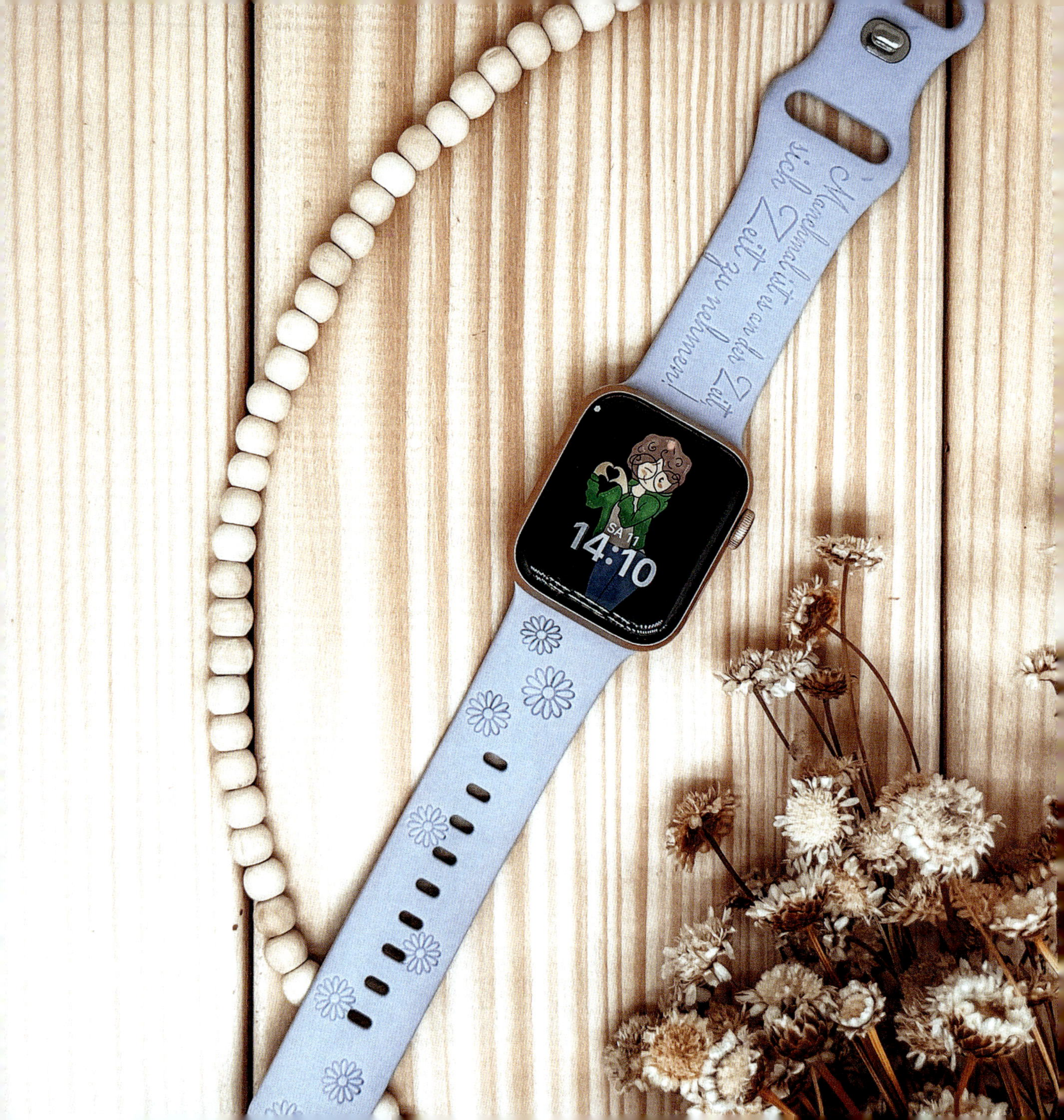
Manchmal ist es an der Zeit
sich Zeit zu nehmen!
SA 11
14:10

Uhrenarmband

Material

Uhrarmband aus Silikon | Datei »Uhrenarmband.svg« | Wattestäbchen und Alkohol zum Reinigen

Lege das Uhrarmband unter den roten Laserpunkt und lasse das System die Höhe messen. Wähle anschließend als Material Laser Engraved Rubber Mat. Positioniere das Uhrarmband nun ganz nach oben mittig in den Laser.

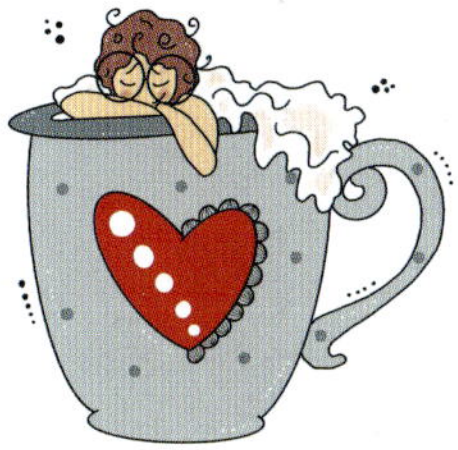

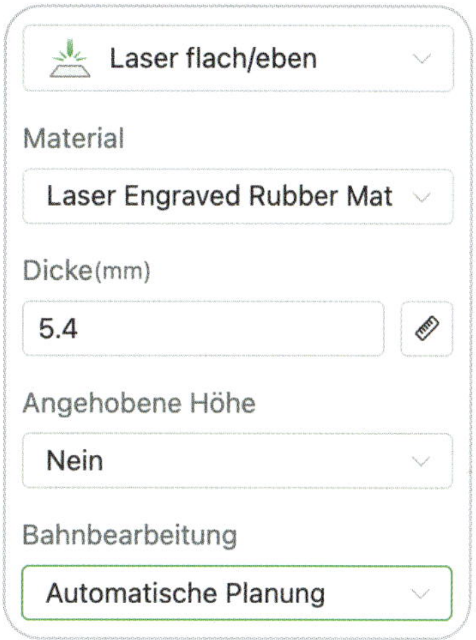

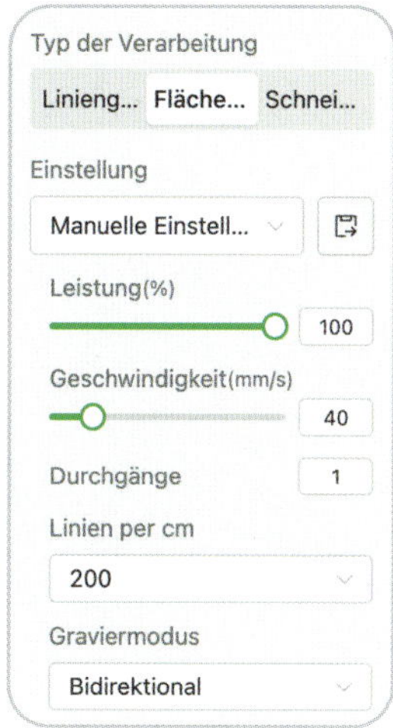

Lade die Datei ***»Uhrenarmband.svg«*** und platziere sie auf deinem Armband. Die Blümchen und den Schriftzug kannst du individuell kleiner oder größer machen.

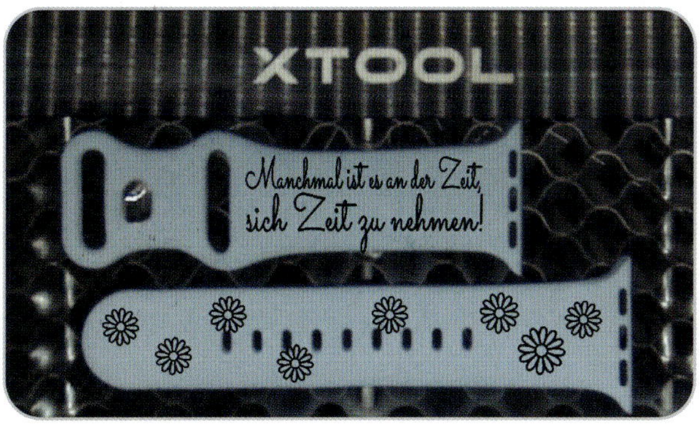

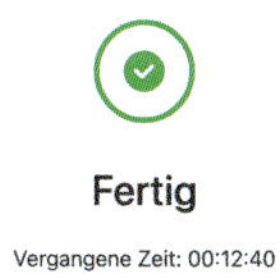

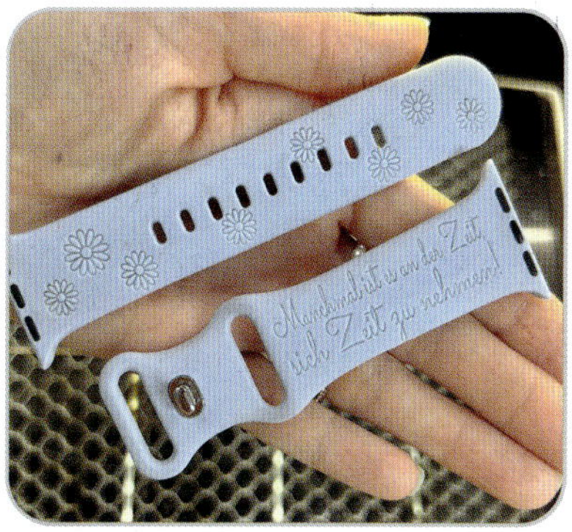

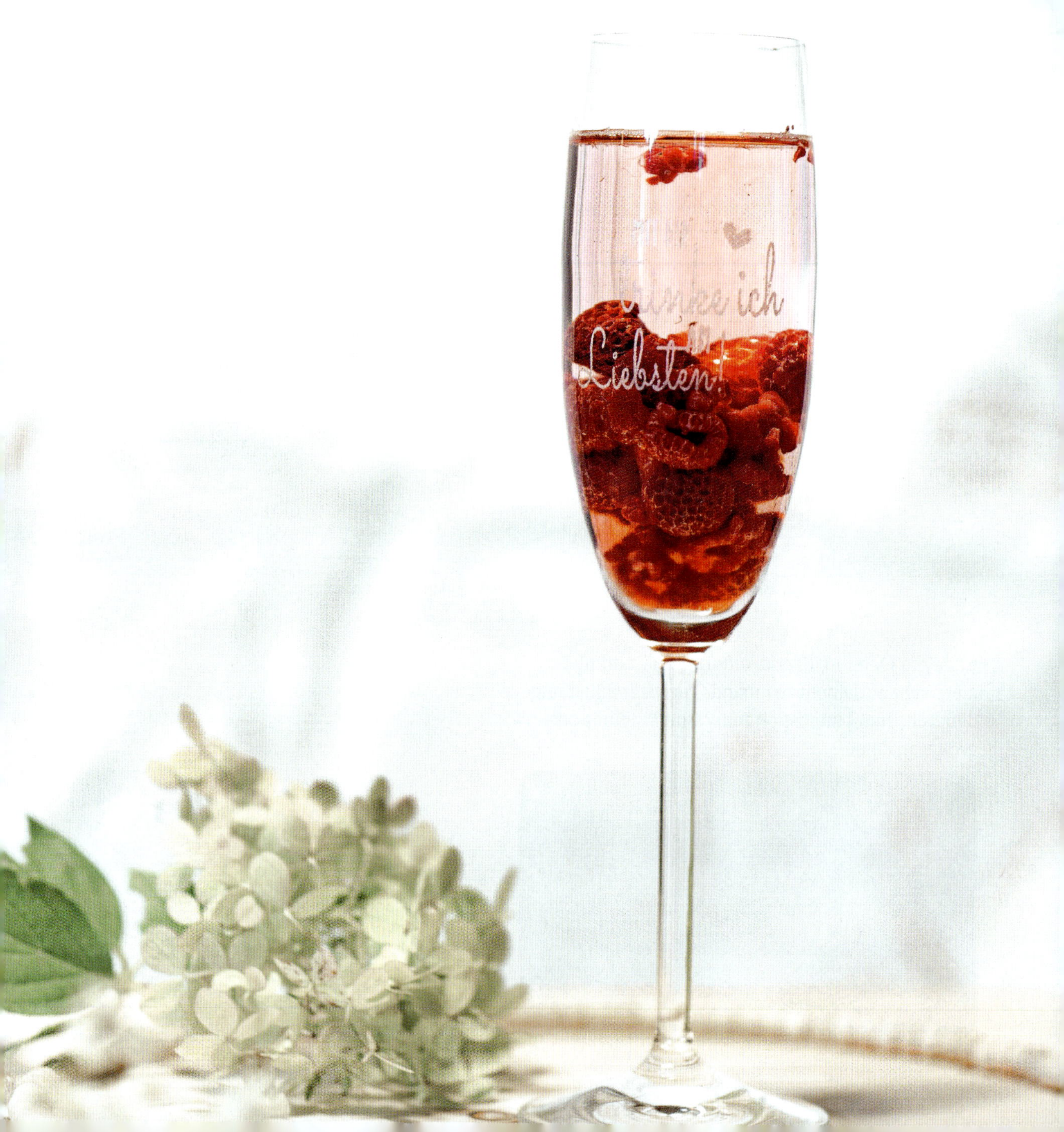
ich
Liebsten!

Sektglas

Material

Sekt- oder Weinglas | schwarze Kreidefarbe | Pinsel | Datei »Sektglas.svg«

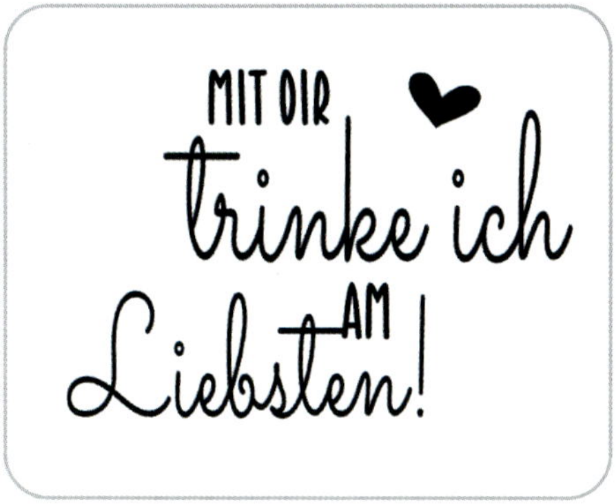

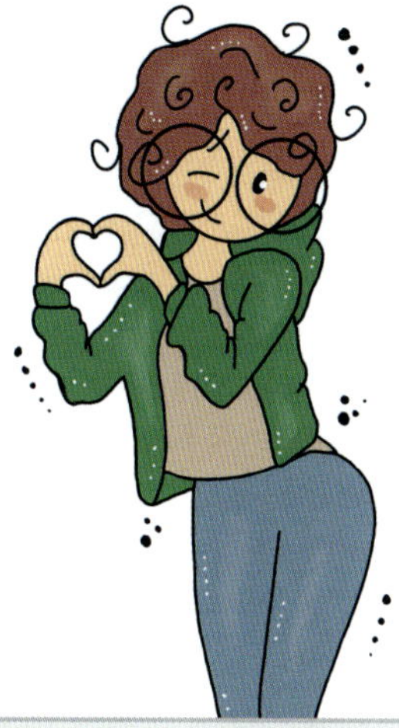

Für dieses Projekt benötigst du wieder die Rotary RA2 Pro. Montiere sie dieses Mal als ***Roller Rotary*** (siehe Anleitungsheft).

Nimm das Sektglas und pinsele die zu gravierende Stelle mit der schwarzen Kreidefarbe ein und lasse alles gut trocknen. Wiederhole ggf. diesen Vorgang, bis die Fläche gut deckend schwarz ist.

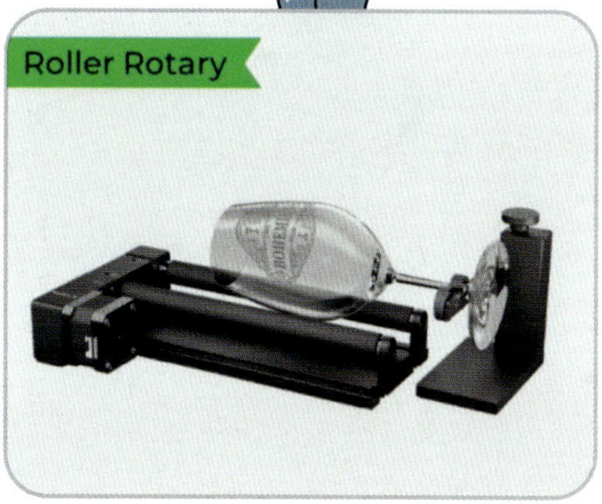

Positioniere die Rotary in deinem Laser und schließe sie mit dem weißen Stecker an.

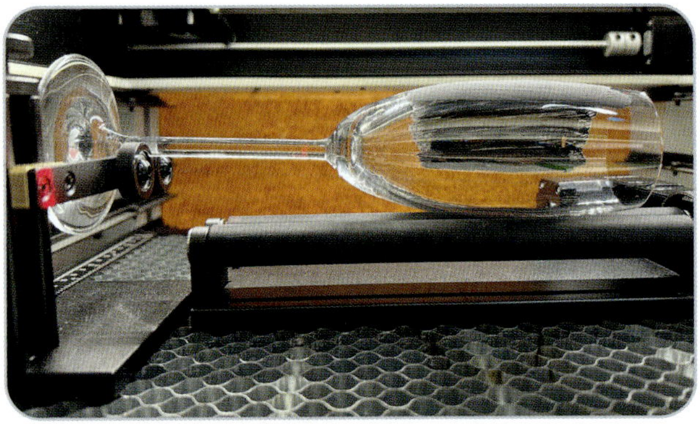

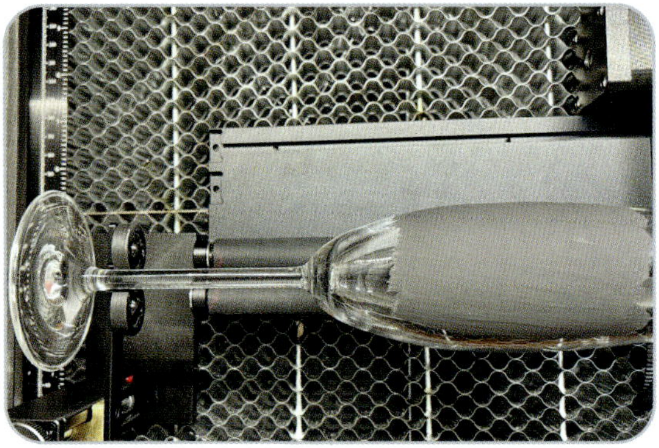

Öffne XCS und lade die Datei ***»Sektglas. svg«***. Wähle nun folgende Material- und Gravur-Einstellungen:

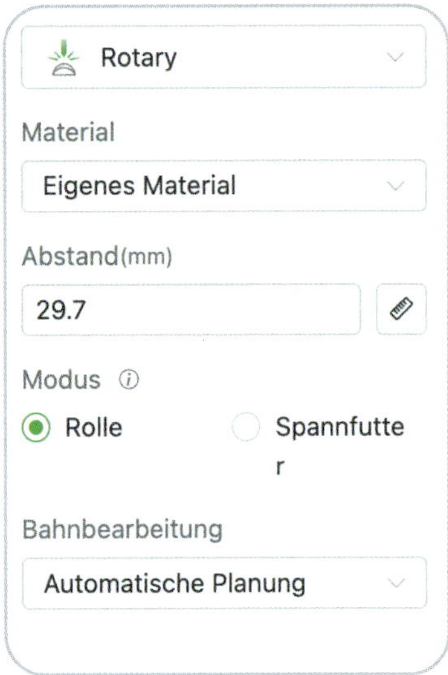

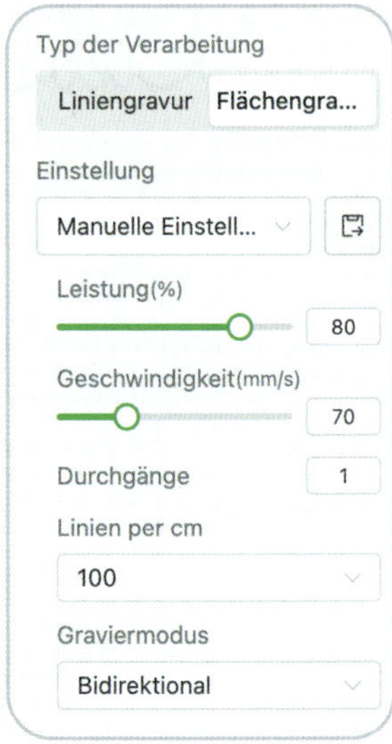

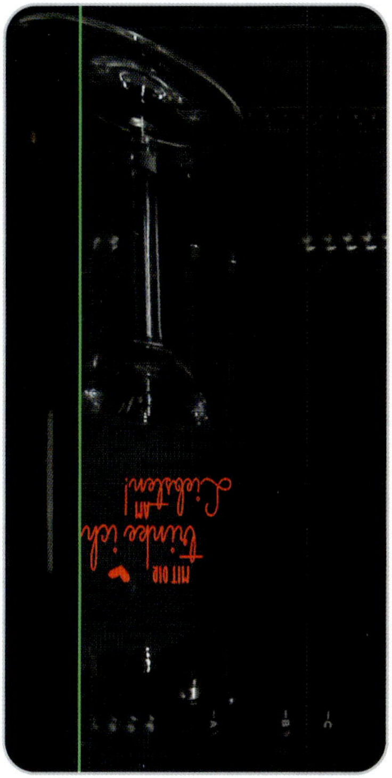

Drehe dein Motiv um 180 Grad und platziere es auf der schwarz angepinselten Fläche deines Glases. Die grüne Startlinie ziehst du wieder linksbündig ans Glas.

Teste mit der Rahmenfahrt, ob die Gravur nun auch deine schwarze Fläche trifft.

Wenn alles passt, starte den Laservorgang.

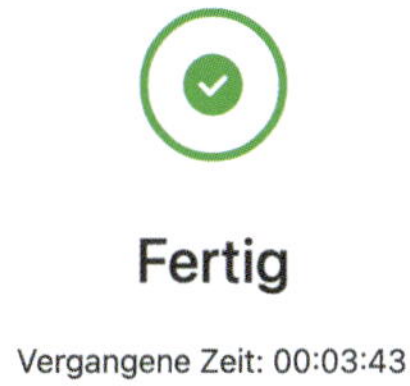

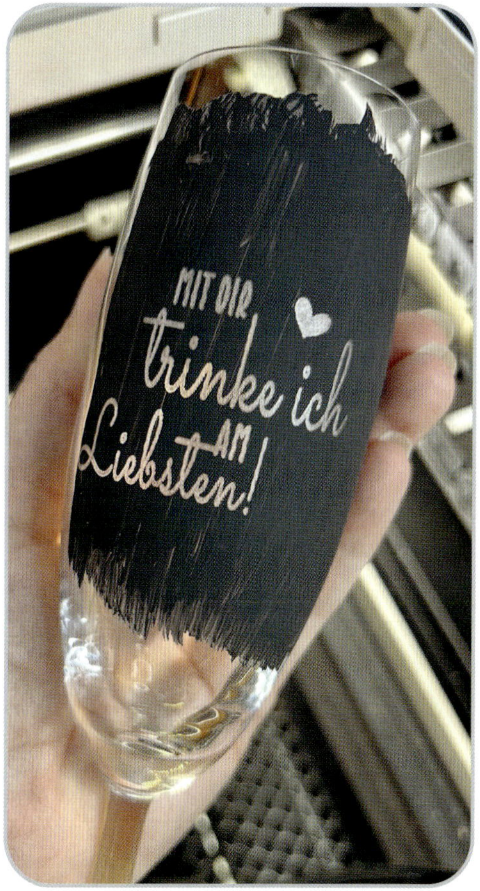

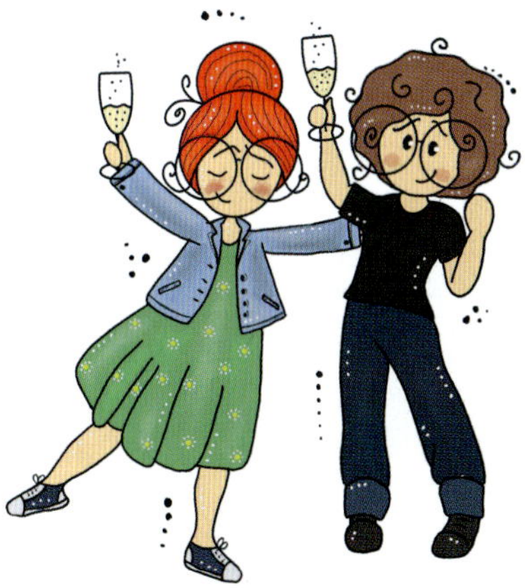

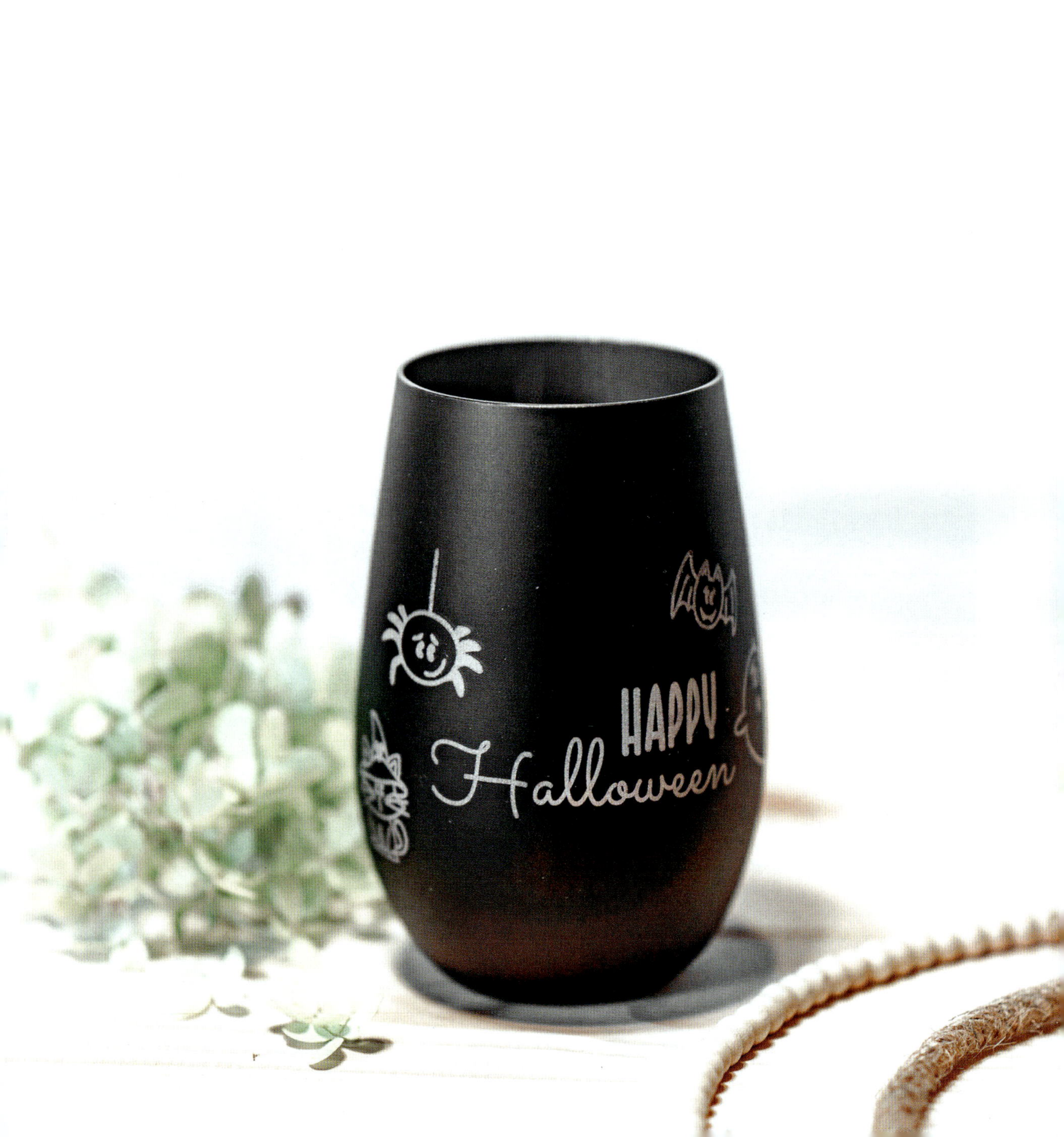
HAPPY
Halloween

Kerzenglas »Happy Halloween«

Material

Kerzenglas *»Stölzle Lausitz Glas Elements«* | Rotary RA2 Pro | Datei »HappyHalloween.svg«

Für dieses Projekt benötigst du die Rotary RA2 Pro.

Montiere sie als ***Chuck Rotary***. Die verschiedenen Montage-Optionen werden in der mitgelieferten Anleitung der Rotary gut erklärt.

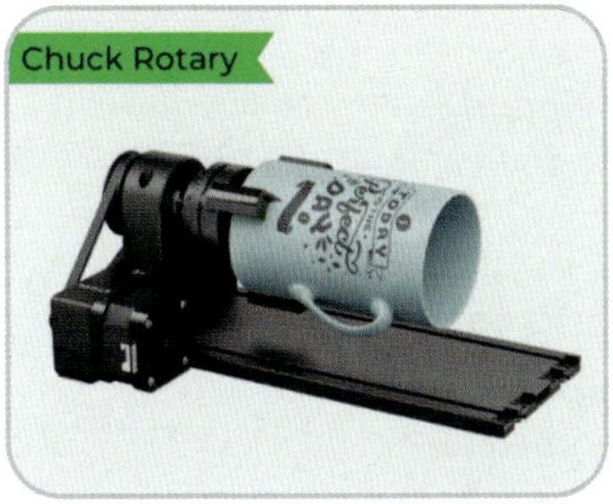

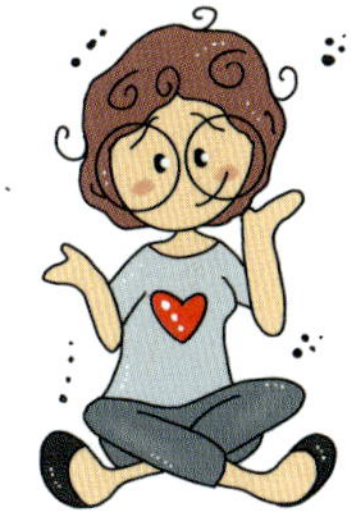

Miss den Umfang an der dicksten Stelle deines Glases, der Durchmesser wird automatisch vom System berechnet.

Spanne dann das Glas in die Rotary ein, richtig fest! Stelle die Rotary auf den untersten Boden deines Lasers und verbinde ihn mit der weißen Steckverbindung.

Stelle sicher, dass dein ***Glas in Waage*** eingespannt ist.

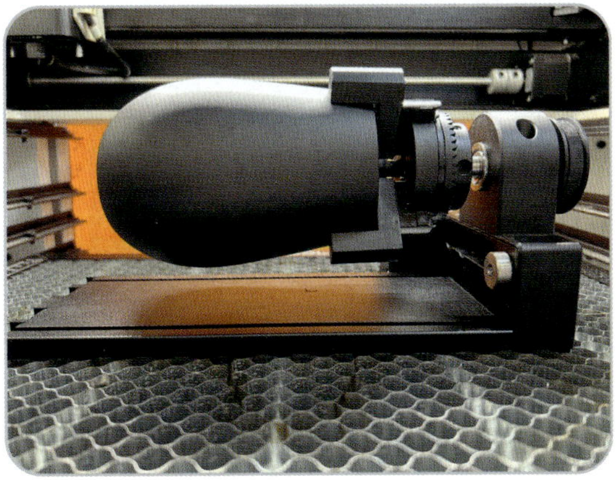

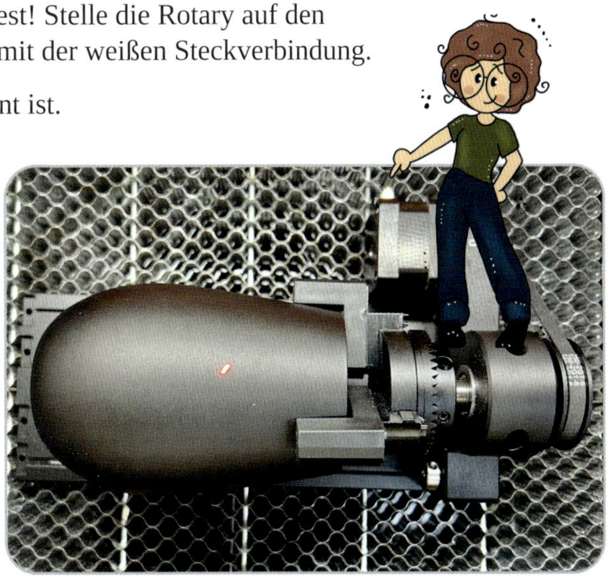

Wähle folgende Einstellungen:

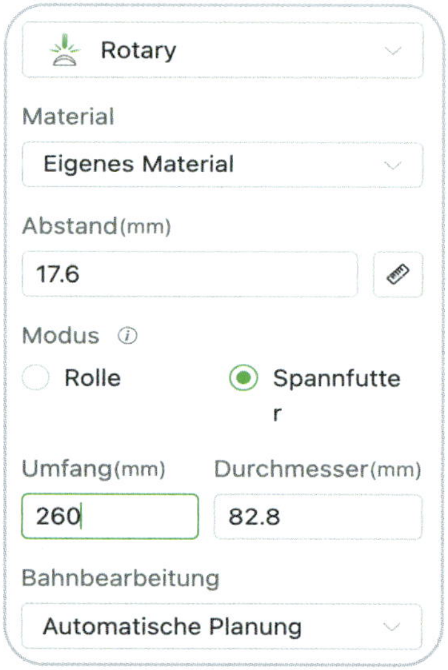

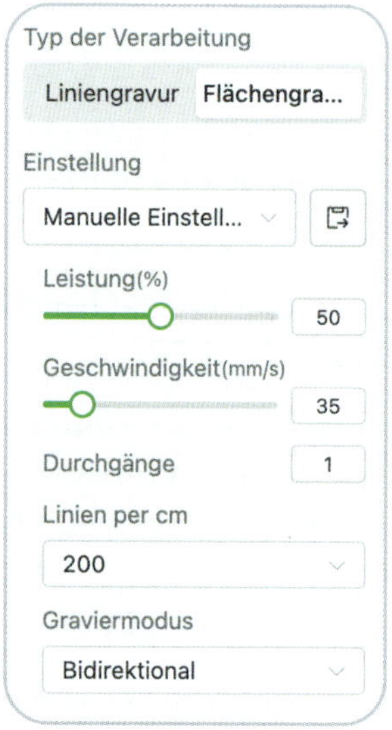

Wenn du, wie in diesem Fall, ***Spannfutter*** wählst, musst du die ***Schrift nicht spiegeln***!

Beachte aber, dass du die Schrift um 180 Grad drehen musst, sonst würde dein Motiv nach dem Gravieren auf dem Kopf stehen.

Die grüne ***Start-Linie*** setzt du linksbündig an dein Glas. Wundere dich nicht, dass dein Motiv rechts über das Glas herausragt. Die Rotary dreht ja das Glas und graviert ringsherum.

Behalte hier nur die Breite deines Motivs im Blick, es darf natürlich nicht breiter als der Umfang deines Glases sein.

Entferne im Anschluss die schwarze »rausgravierte« Farbe mit einem feuchten Tuch.

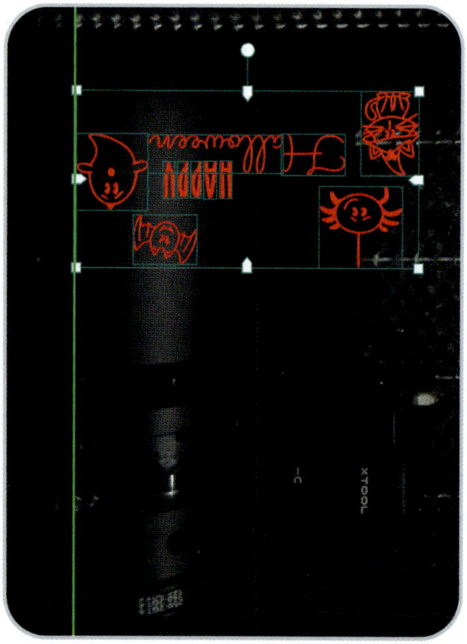

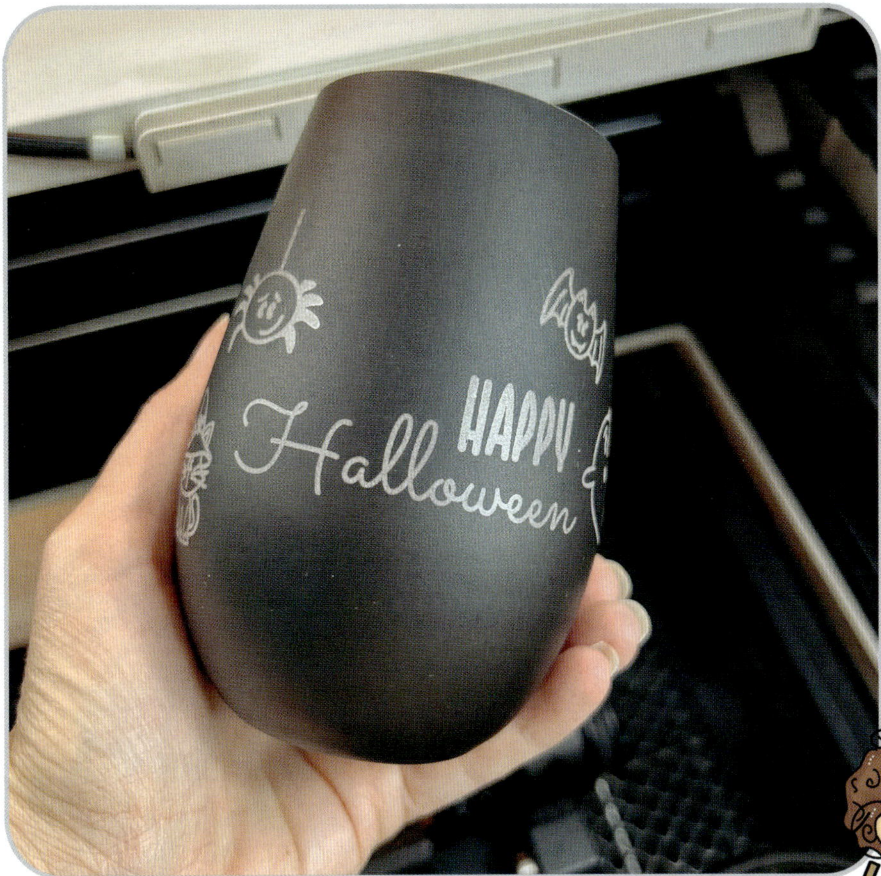
HAPPY
Halloween

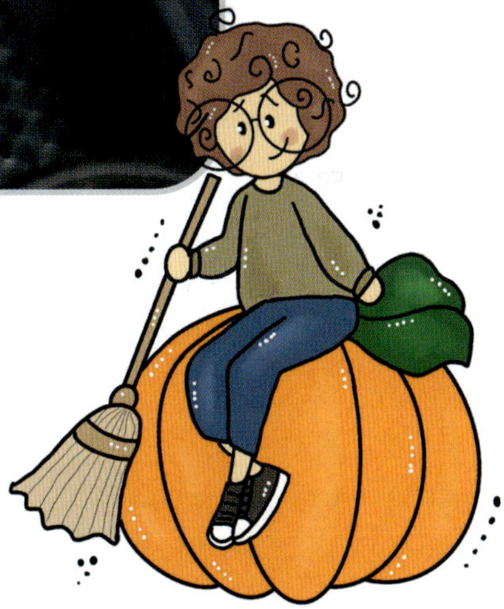

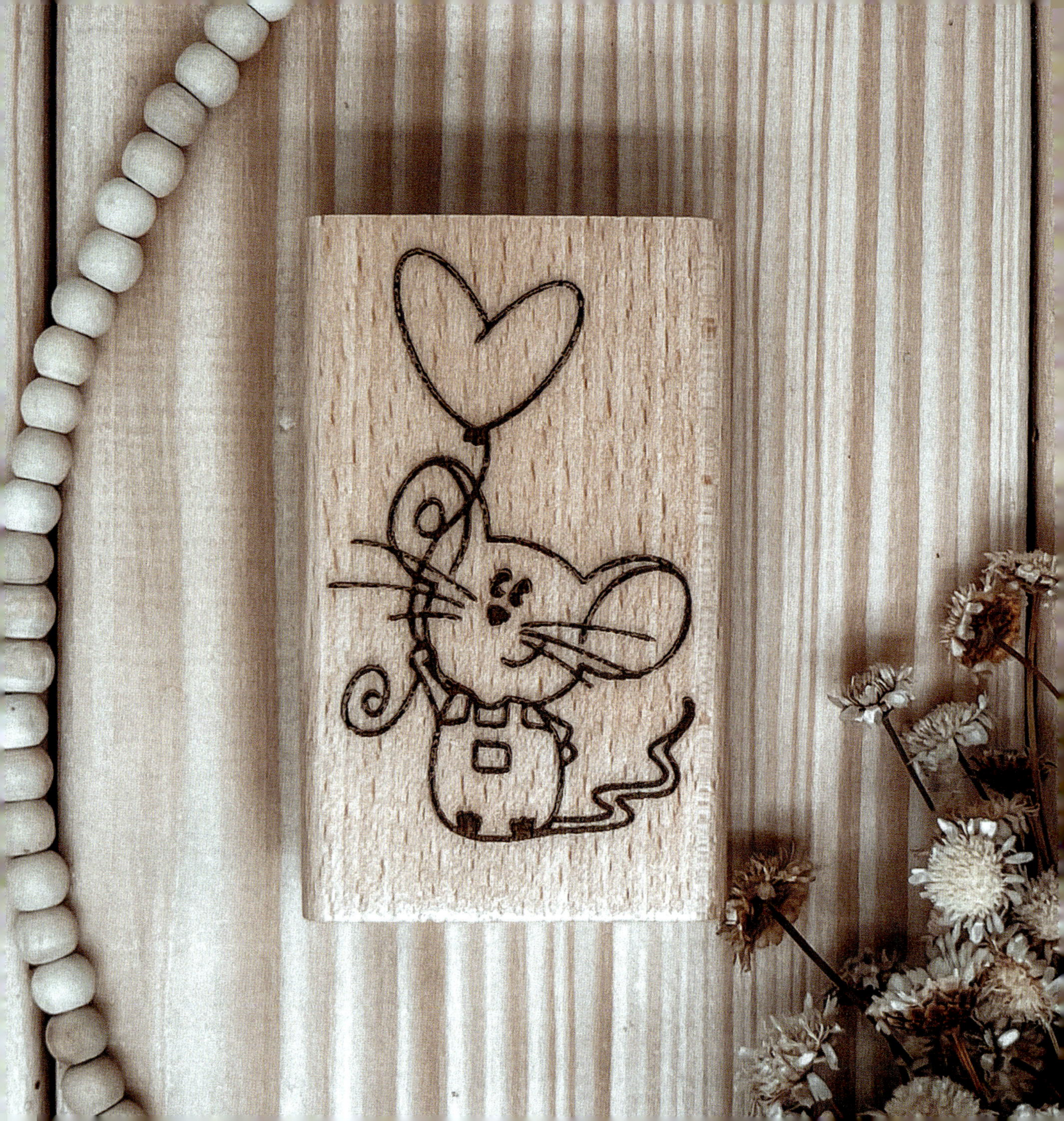

Eigene Stempel herstellen

Material

Stempelgummi 2,5 cm | Stempelholzgriff | Schere | Datei »Friedrich.svg«

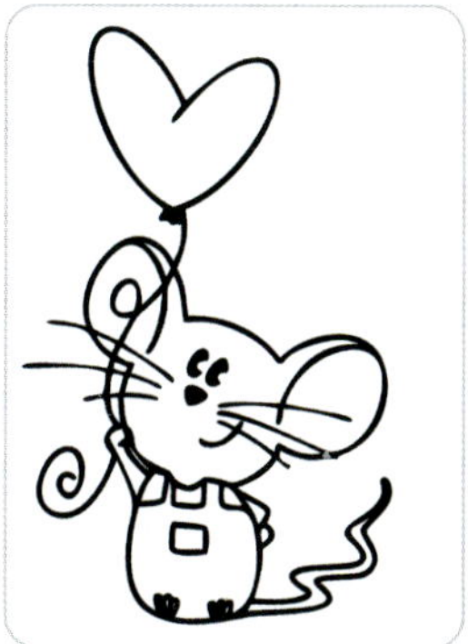

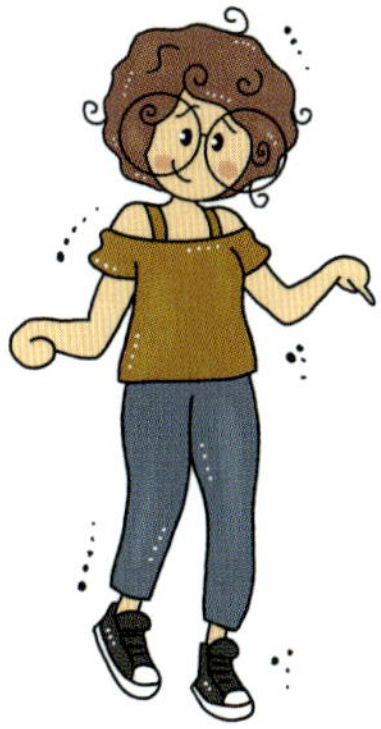

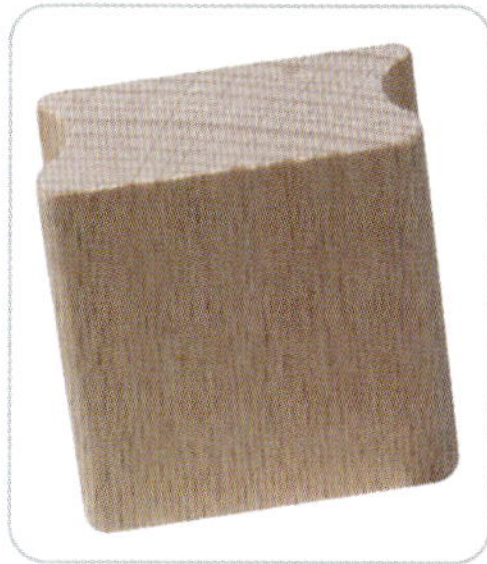

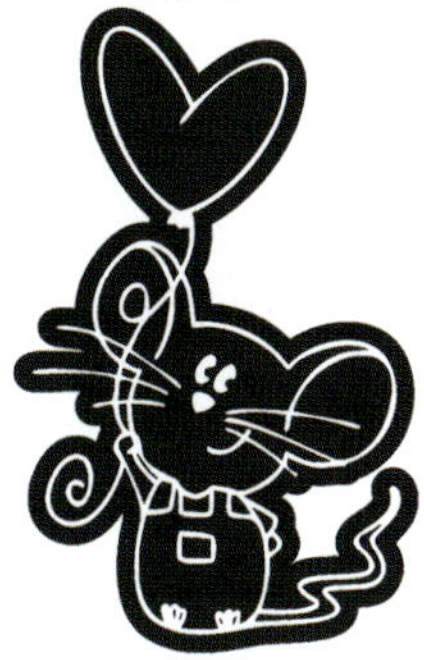

Platziere deine Stempelgummimatte auf der obersten Stufe deines Lasers, egal ob auf dem Boden oder auf der Wabenplatte.

Wähle als Material LASER ENGRAVED RUBBER MAT und miss die Dicke des Materials.

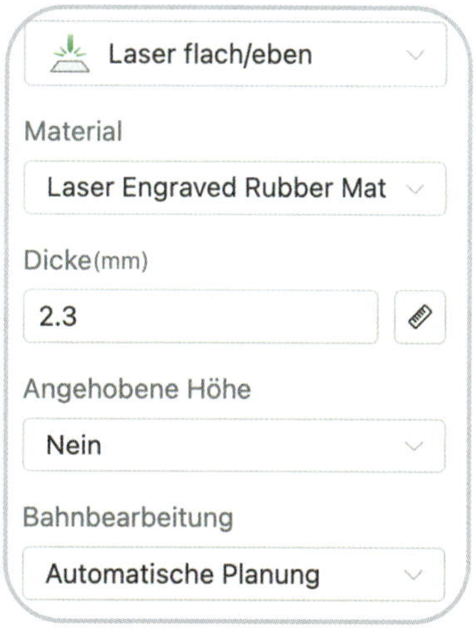

Lade nun die Datei ***»Friedrich.svg«*** in XCS. Markiere dein Motiv und wähle Flächengravur. Dein Motiv sollte nun so aussehen:

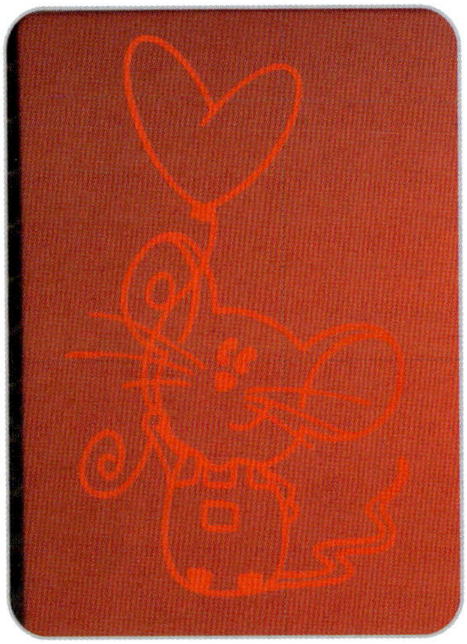

Markiere jetzt dein Motiv und wähle oben im XCS-System die Funktion Umrandung aus. Setze eine Umrandung von etwa 3,4 mm um das Motiv und klicke dann auf OK.

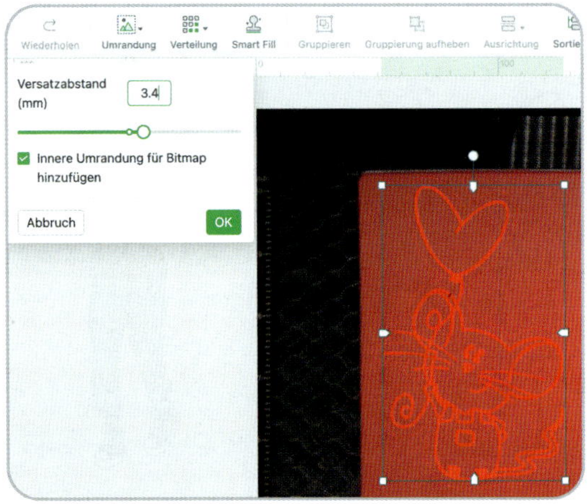

Markiere nun dein Motiv und die Umrandung zusammen und wähle oben im XCS zuerst Kombinieren und dann den untersten Auswahlpunkt Bei Überlappung trennen aus.

Anschließend markierst du wieder dein Motiv und wählst erneut die Flächengravur aus.

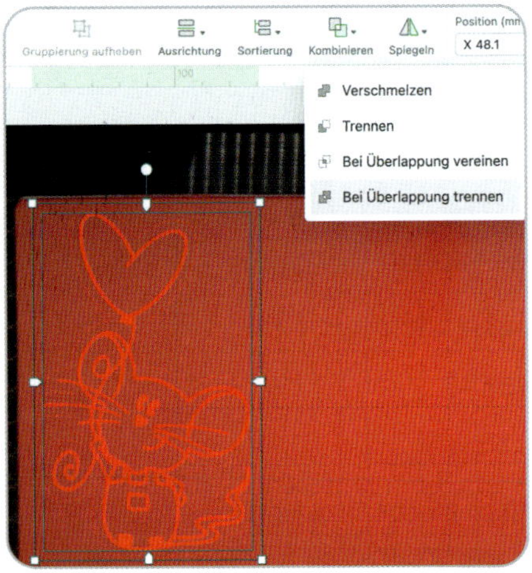

Bei der Stempelherstellung gravieren wir ja das Negativ, daher sollte dein Motiv nun so aussehen:

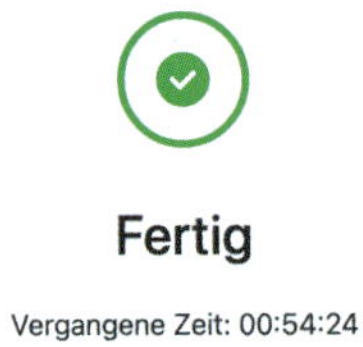

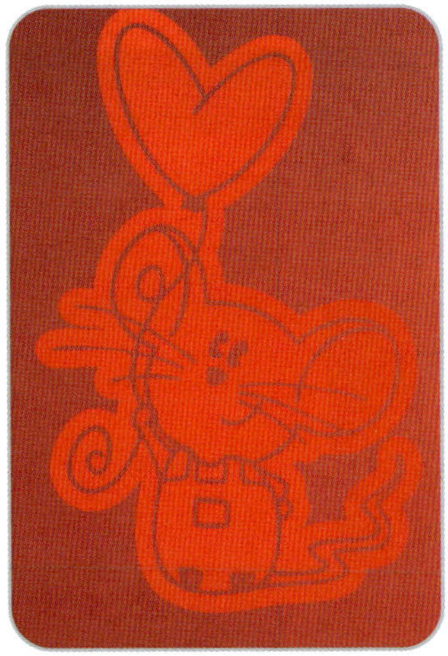

Im nächsten Schritt passt du die Größe deines Motivs an. Miss dazu am besten den Holzgriff.

Platziere dann dein Motiv platzsparend in der linken oberen Ecke des Stempelgummis. Die Voreinstellungen zur Flächengravur können übernommen werden.

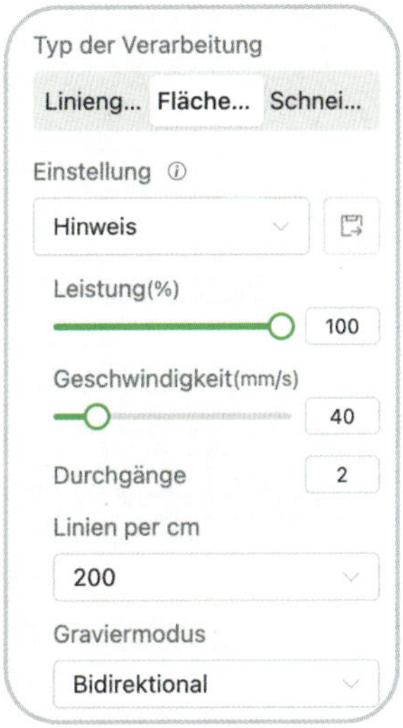

Klicke nun auf Verarbeitung und starte im nächsten Schritt den Laservorgang.

Nach dem Laservorgang musst du das restliche Gummi abwaschen oder mithilfe eines Pinsels vorsichtig entfernen.

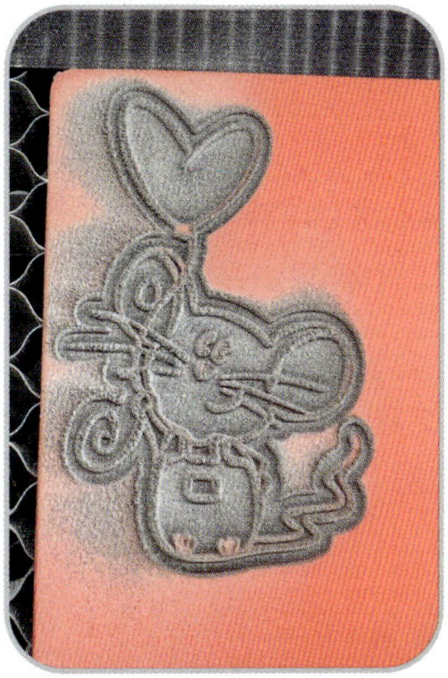

Schneide nun dein Stempelgummi aus und klebe es auf dein Stempelholz.

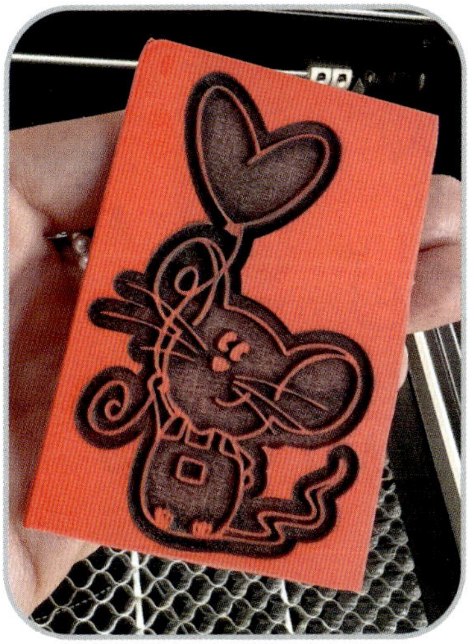

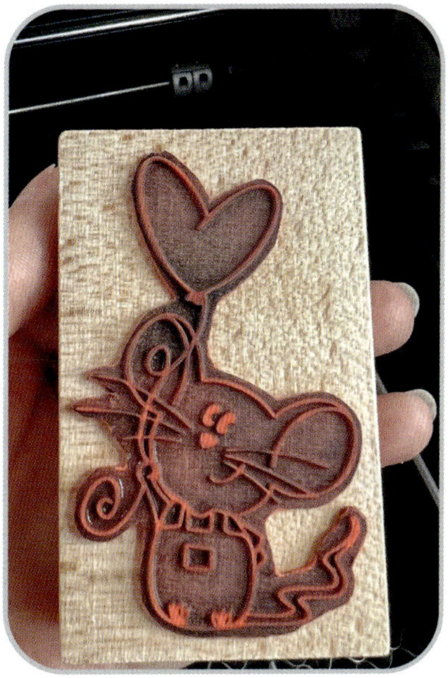

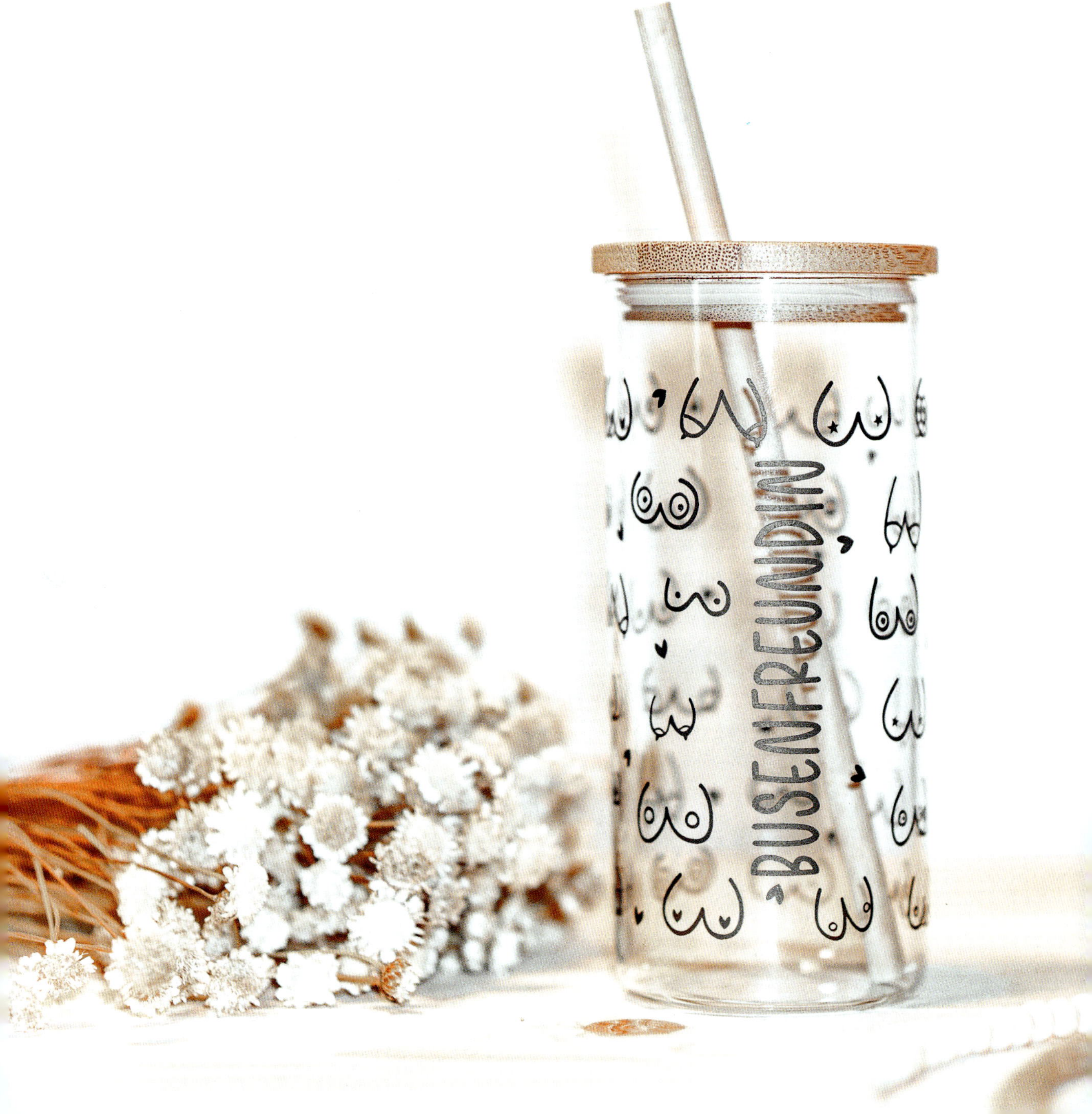
BUSENFREUNDIN

Plotten mit dem xTool M1 (Fortsetzung von »Trinkglas Busenfreundin«)

Dein ***xTool M1*** ist ein multifunktionales Gerät, mit dem du nicht nur lasern und gravieren, sondern auch plotten kannst. Das bedeutet, es schneidet auch Folien. Mit diesem Kombigerät hast du viele Möglichkeiten, kreative Ideen umzusetzen. Wie das funktioniert, lernst du jetzt.

Material

Blaue, leicht klebende Schneidematte (im Lieferumfang enthalten) | Vinylfolie schwarz | Transferfolie | Glas aus Projekt »Busenfreundin« | Datei »Busenfreundinplott.svg«

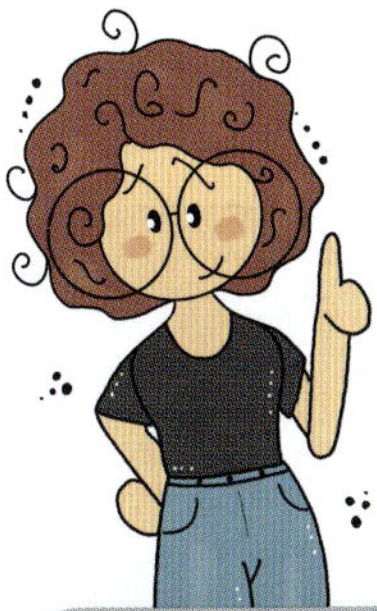

Solltest du jetzt die Erhöhung inklusive Wabenplatte an deinem xTool M1 montiert haben, ist der erste Schritt, damit du die Plotterfunktion nutzen kannst, dass du die Bodenplatte wieder im Laser montierst und auch festschraubst. Beachte außerdem, dass die Bodenplatte schön sauber und staubfrei ist, da du nun die blaue, leicht klebende Schneidematte auf die Bodenplatte klebst.

Die Schneidematten dieses Lasers unterscheiden sich von denen anderer Plotter, da sie von beiden Seiten kleben. So kann dein Projekt während des Schneidevorgangs nicht verrutschen. Klebe dann die schwarze Vinylfolie oben rechts in die Ecke und öffne im XCS die Datei ***»Busenfreundinplott.svg«***.

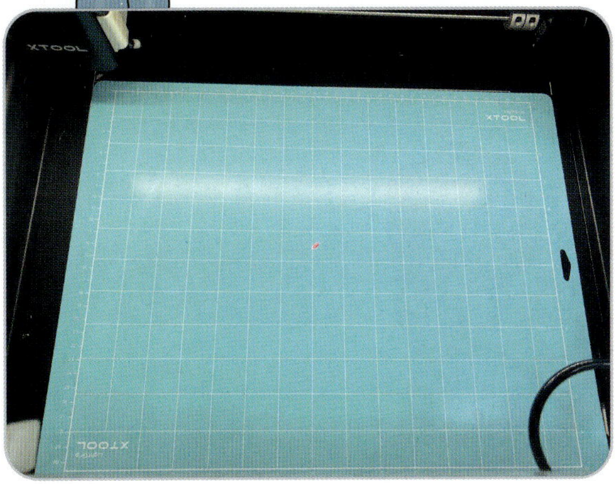

Wähle nun Schneiden und als Material PU HTV Vinyl aus.

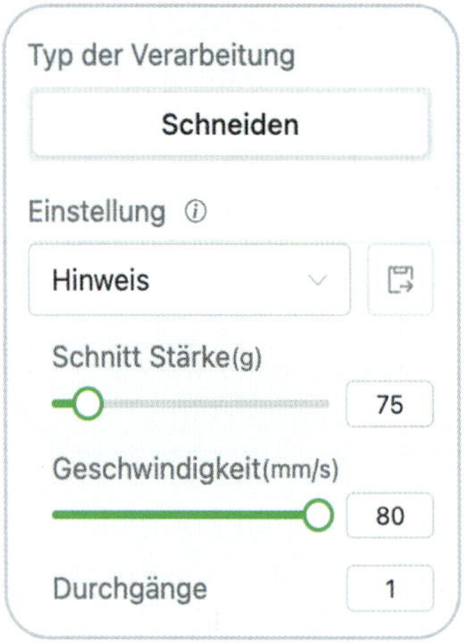

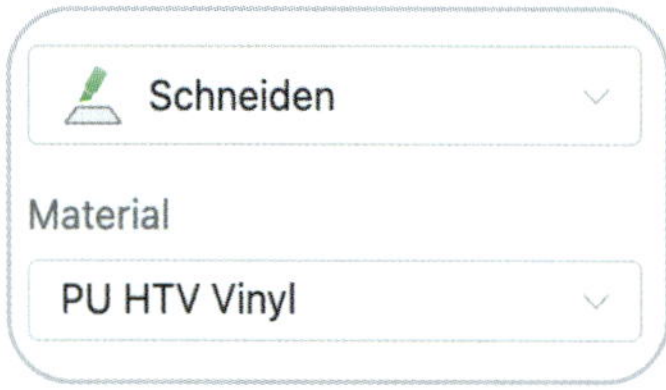

Wenn du zum ersten Mal diese Folie mit dem Laser schneidest, empfiehlt es sich, einen Materialtest zu machen, um zu sehen, ob die Schnitteinstellungen gut sind. Jede Folie ist unterschiedlich. Ich habe bei meiner Vinylfolie die angegebene Schnittstärke 90 auf 75 reduziert, damit das Ergebnis gut war.

Miss die Höhe und den Umfang deines Glases und passe die Größe des Motivs an.

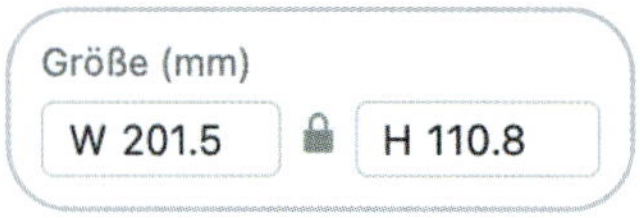

Klicke nun auf Verarbeitung und starte den Laser.

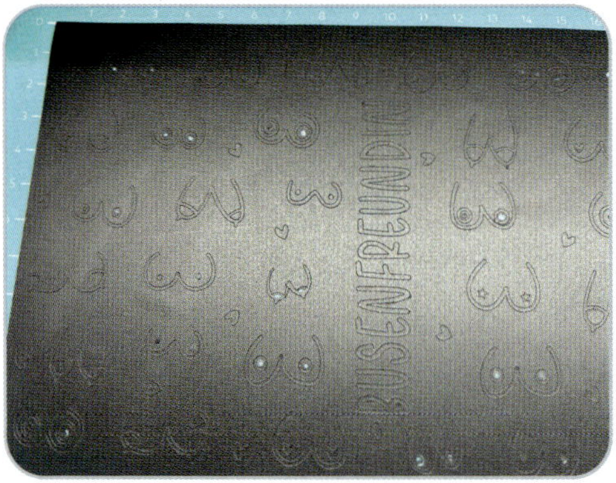

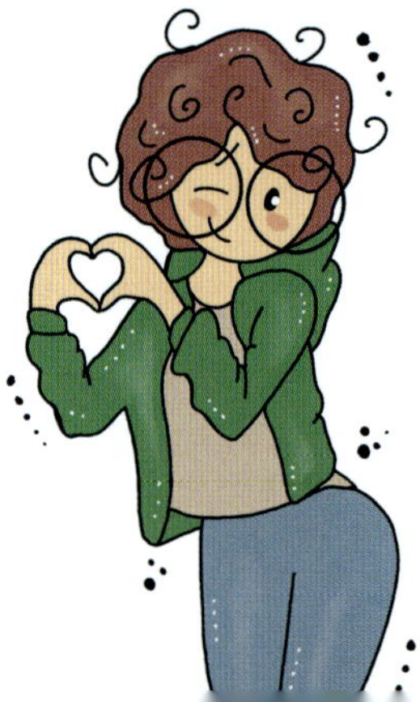

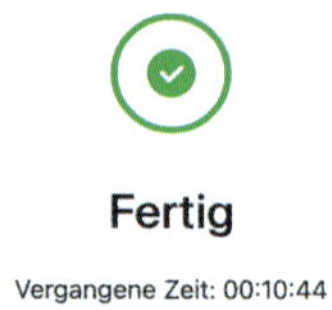

Entgittere im nächsten Schritt dein Motiv. Das bedeutet, dass du erst das »Innenleben« mit einer spitzen Pinzette herausnehmen und anschließend die Folie komplett abziehen musst.

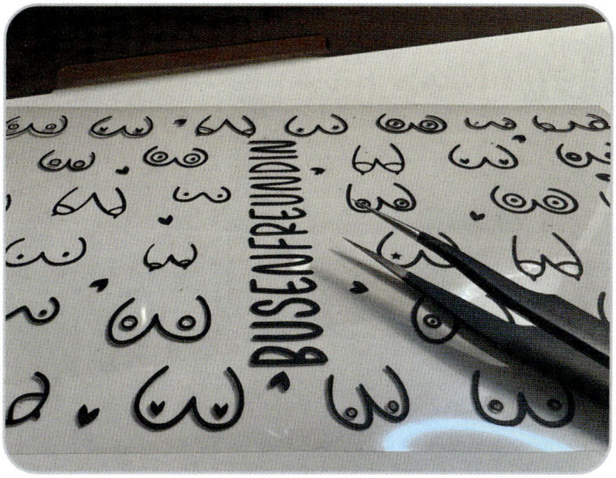

Nun nimmst du ein Stück Übertragungsfolie und legst die klebende Seite auf dein Motiv. Rubbele mithilfe einer Rakel über dein Motiv, löse es von der Rückseite ab und positioniere es dann auf dem Glas.

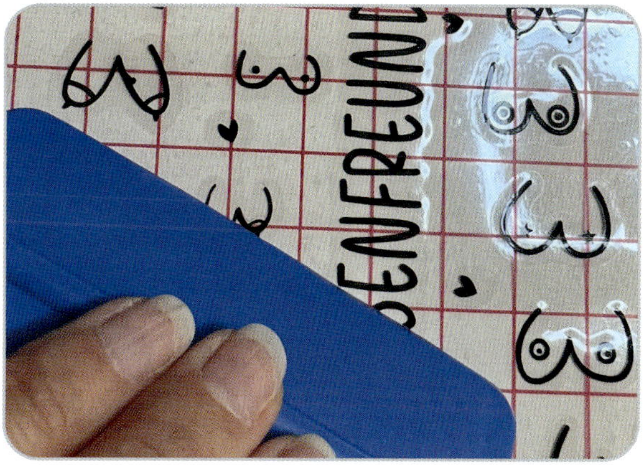

Jetzt rakelst du wieder kräftig über das Motiv und löst im nächsten Schritt die Übertragungsfolie vorsichtig vom Motiv ab.

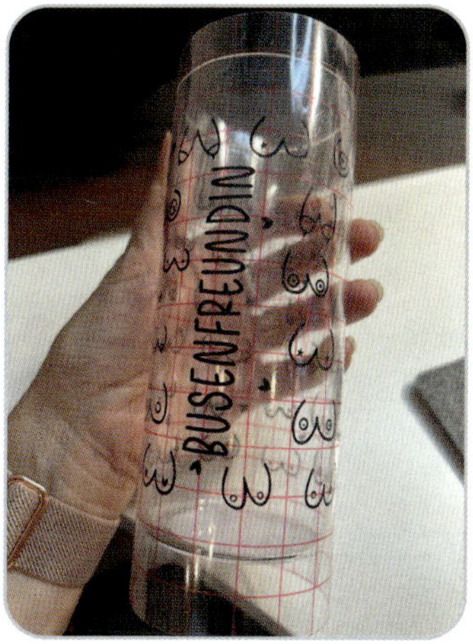

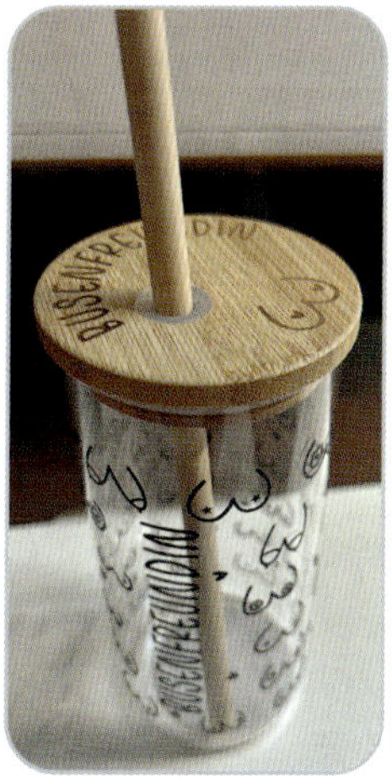

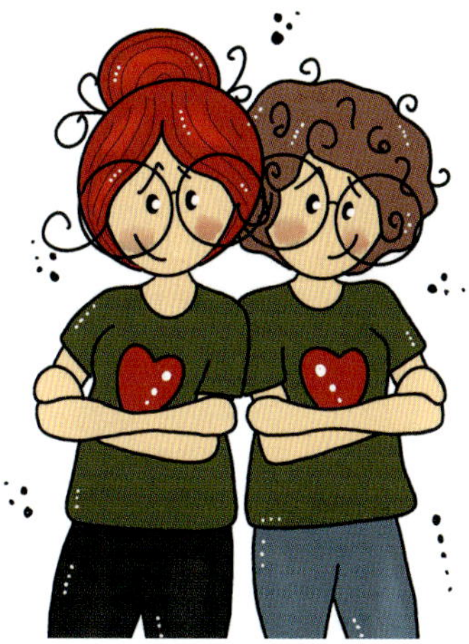

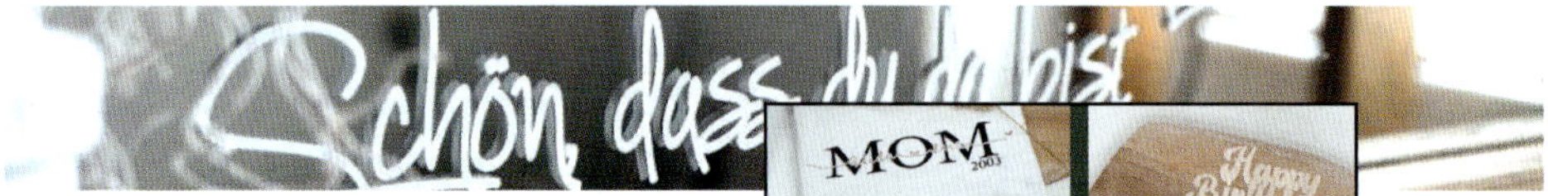

Jeannine Christian

Plotten mit dem Brother ScanNCut
Das Praxisbuch

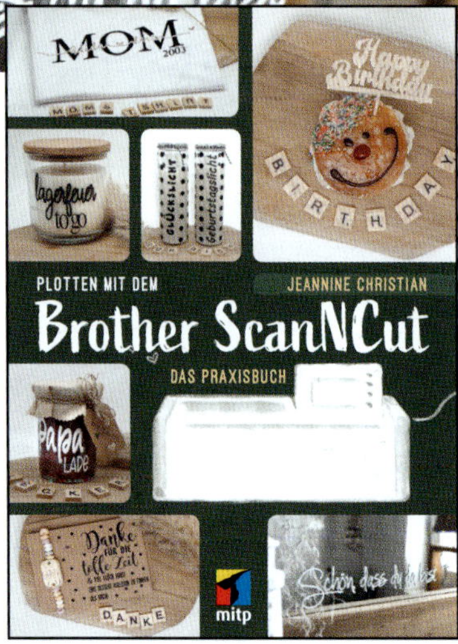

Detaillierte Anleitungen für den Plotter und die Software

Einsatz verschiedener Materialien wie Papier, Vinyl, Flex- und Flockfolie, Balsaholz und Moosgummi

Zahlreiche Projekte und Ideen zum einfachen Nachmachen

Plotten bietet dir unendliche viele Möglichkeiten, mit vielen verschiedenen Materialien tolle Projekte wie Verzierungen, Accessoires, Dekorationen oder auch Geschenkartikel, Karten und vieles mehr zu erstellen.

Mit diesem Buch erhältst du die Basis, um mit deinem Brother ScanNCut aus der SDX-Serie deine eigenen Projekte umzusetzen und deiner Kreativität freien Lauf zu lassen. Dabei spielt es keine Rolle, ob du gerade erst anfängst oder schon ein wenig Erfahrung mitbringst.

Die Autorin zeigt dir alles, was du brauchst, um den Plotter einzusetzen:

Sie geht ausführlich auf den Umgang mit deinem Plotter und auf die Software ein und erläutert dir detailliert die verschiedenen Einstellungen und Möglichkeiten, mit denen du deine eigenen Ideen umsetzen kannst.

Darüber hinaus findest du im Buch zahlreiche kreative Projekte, in denen Papier, Vinyl, Flex- und Flockfolie, Balsaholz und Moosgummi zum Einsatz kommen und die du ganz einfach nachbasteln oder auch nach deinen eigenen Vorstellungen gestalten kannst.

Wenn du Gefallen am Plotten gefunden hast, wirst du sehr schnell merken, dass deiner Kreativität und der Vielfalt an Projekten keine Grenzen gesetzt sind.

ISBN 978-3-7475-0583-0

Probekapitel und Infos erhalten Sie unter:
www.mitp.de/0583